¿Ética o ideología de la inteligencia artificial?

Últimos títulos publicados en esta colección:

Adela Cortina

¿Ética o ideología de la inteligencia artificial?

El eclipse de la razón comunicativa
en una sociedad tecnologizada

PAIDÓS Estado y Sociedad

1.ª edición, octubre de 2024
2.ª impresión, noviembre de 2024

La lectura abre horizontes, iguala oportunidades y construye una sociedad mejor.
La propiedad intelectual es clave en la creación de contenidos culturales porque sostiene
el ecosistema de quienes escriben y de nuestras librerías.
Al comprar este libro estarás contribuyendo a mantener dicho ecosistema vivo y
en crecimiento.
En **Grupo Planeta** agradecemos que nos ayudes a apoyar así la autonomía creativa
de autoras y autores para que puedan seguir desempeñando su labor.
Dirígete a CEDRO (Centro Español de Derechos Reprográficos) si necesitas fotocopiar
o escanear algún fragmento de esta obra. Puedes contactar con CEDRO a través de la
web www.conlicencia.com o por teléfono en el 91 702 19 70 / 93 272 04 47.
Queda expresamente prohibida la utilización o reproducción de este libro o de
cualquiera de sus partes con el propósito de entrenar o alimentar sistemas o tecnologías
de inteligencia artificial.

ISBN: 978-84-493-4279-0
Depósito legal: B. 14.112-2024
Maquetación: Realización Planeta
Impresión y encuadernación en Arteos Digital

Impreso en España – *Printed in Spain*

SUMARIO

PRÓLOGO

La inteligencia artificial (IA) nació en el pasado siglo, cargada de amenazas y también de promesas. Tanto los temerosos frente a las amenazas como los entusiastas de las promesas reclamaron dotar a la IA de una ética.

El monstruo de Frankenstein inspiraba esa frankenfobia que exigió una ética para las máquinas, capaz de defender a los seres humanos frente a sus posibles perjuicios, pero sobre todo capaz también de extraer los grandes beneficios que pueden aportar los sistemas inteligentes cuando se toman como instrumentos al servicio de los seres humanos y de una sostenibilidad justa de la naturaleza.

En el extremo contrario, los entusiastas de la revolución 4.0 aseguraron que la IA ayudaría a resolver los problemas de la vida cotidiana, introduciendo la magia de los algoritmos para tomar decisiones en todos los ámbitos de la vida social, incluso dejando esas decisiones en sus manos, sustituyendo los débiles cerebros humanos por la fuerza de la computación o la conectividad.

Y, yendo aún más allá, un buen número de tecnocientíficos aseguraron que acabaremos con la enfermedad, la vejez y la muerte. Que, incorporando valores morales a las máquinas, como el amor, la compasión y la solidaridad, crearemos una nueva especie superior a la humana conocida. Un mundo de paz y felicidad, que pondrá fin al reinado del *Homo sapiens*, a la época del Antropoceno, marcada por las guerras y la depredación de la naturaleza.

¿Esta segunda opción merece el nombre de «ética» o el de «ideología»? ¿No se está calificando como ciencia lo que no lo es para atraer suculentas inversiones, conformar las mentalidades e incluso ganar en la competencia por el poder mundial?

El primer deber de una ética de la ciencia es no engañar.

Por desgracia, desde ese afán de veracidad nos encontramos con un obstáculo difícilmente salvable, planteado por la estructura misma de las plataformas, las redes y los algoritmos que nacen de esta nueva revolución. La gran pregunta ética es siempre ¿hacia dónde queremos ir?, ¿cuál es la brújula que debe orientar la construcción de mapas de carreteras que habrán de ir cambiando con el tiempo necesariamente?

Somos los seres humanos quienes tenemos capacidad de dialogar y decidir hoy por hoy, pero tomar decisiones conjuntas implica hacerlo desde un «nosotros» sin exclusiones, que, valiéndose de los sistemas inteligentes, busque las respuestas adecuadas. Sin embargo, el aumento de la conectividad, gracias a las redes, que debería llevarnos a poder decidir conjuntamente, deliberando, qué queremos hacer de nuestro futuro, no mejora la comunicación veraz. Por el contrario, triunfa una vez más la razón estratégica, que pasa a ocupar todo el espacio público, y se produce el eclipse de la razón comunicativa. Es ésta una pésima noticia si queremos fortalecer la democracia, que es una tarea urgente, porque está en peligro en el ámbito mundial. Y, por supuesto, en España, Europa y América Latina.

Naturalmente este libro se ha escrito en diálogo con una buena cantidad de colegas y amigos, a los que agradezco su valiosa cooperación. No puedo mencionarlos a todos, claro está, pero sería una palmaria injusticia no dar las gracias muy especialmente, una vez más, a Martha Rodríguez Coronel por su ayuda tan cordial como eficiente.

Valencia, abril de 2024
En el tricentenario del nacimiento de Immanuel Kant

Capítulo 1

LO QUE NOS HACE HUMANOS

———

1. LAS MÁQUINAS NO ESTÁN HECHAS PARA ENTENDER UNA MENTIRA

> Pero recordad, por favor, la ley conforme a la cual vivimos: no estamos hechos para entender una mentira...

Al comienzo de su novela *Machines Like Me*, título traducido al español como *Máquinas como yo y gente como vosotros*, el célebre novelista británico Ian McEwan recoge este breve texto de Rudyard Kipling, tomado de su relato «El secreto de las máquinas».

El consejo, expresado con estas palabras, resulta muy acertado en tiempos de supuesta posverdad, cuando se dan por buenas ese tipo de mentiras emotivas que alimentan diariamente a la gente como nosotros y pretenden dar forma a la opinión pública. Objetivo que suelen alcanzar con éxito, porque mentir no suele tener malas consecuencias para el mentiroso, y resultan raras, por escasas, noticias como la del pago de 785,5 millones de dólares a que se vio obligada Fox por sus mentiras. El abogado de Dominion Voting Systems, tras cerrarse el caso, afirmó: «La verdad importa». Ojalá tuviera razón.

Precisamente el hecho de que las máquinas supuestamente inteligentes sean incapaces de entender una mentira es la clave del libro de McEwan, en el que muestra magistralmente cómo resulta imposible sobrevivir en nuestro mundo sin la capacidad de discernir entre veracidad y engaño, entre la comunicación veraz, que busca el entendimiento, como es propio de la palabra, tanto en la vida privada como en la pública, y la manipulación del lenguaje para obtener ventajas espurias. Y justamente es lo que nos está pasando en un tiempo en que se oscurece la labor de la razón comunicativa y pasa a primer plano la razón estratégica, hasta ocupar todo el espacio público. No puede decirse que ésta sea una buena noticia para fortalecer la democracia, que es una tarea tan urgente, porque está en peligro en todo el mundo.

Por si faltara poco, esto ocurre cuando el avance de la IA impregna nuestra existencia y aumenta en todos los niveles los canales de lo que debería ser una comunicación llamada a resolver los grandes problemas de un universo que es ya cosmopolita. Por eso es urgente analizar la textura de este nuevo mundo y un buen punto de partida puede ser la mención del libro de McEwan, que da pie a un sinfín de reflexiones, tanto éticas como ontológicas, acerca de si los llamados «sistemas inteligentes», las máquinas supuestamente inteligentes, tienen una inteligencia como la humana —o pueden llegar a tenerla— y si son o pueden llegar a ser personas, seres autoconscientes y autónomos, a los que se debe proteger con derechos y a la vez exigir responsabilidades. La gran pregunta es si esas máquinas son instrumentos de los que los seres humanos podemos valernos para alcanzar diversas metas, o si irán sustituyendo paulatinamente a los seres humanos, de modo que se vaya poniendo fin a lo que se ha llamado «Antropoceno», la era del *Homo sapiens*.

La novela tiene un narrador, que forma parte de la «gente como nosotros», capaz de entender una mentira, es decir, de entender que se puede afirmar lo contrario de lo que se piensa con intención de engañar. El nombre del narrador y protagonista es Charlie, y cuenta cómo habiendo heredado algún dinero a la muerte de su madre, decide emplearlo en comprar uno de los primeros humanos manufacturados, verdaderamente viables, que han sido puestos a la venta por 86.000 libras. En un primer lote se habían fabricado veinticinco individuos (es lo más neutral que podemos decir): trece Evas y doce Adanes. Charlie deseaba una Eva, pero las Evas se agotaron al cabo de una semana y tuvo que contentarse con un Adán. A pesar de la decepción, le consolaba algo saber que también había adquirido uno igual Alan Turing, el creador de la célebre máquina de Turing y del test de Turing, que permite descubrir la inteligencia de una máquina comprobando si sus respuestas son indistinguibles de las de un ser humano. Como es bien conocido, durante la Segunda Guerra Mundial Turing dio con las claves para descifrar códigos nazis, particularmente de la máquina Enigma. La intervención de Turing al final de la novela con un largo y emocionado discurso es decisiva.

Obviamente, a diferencia de los hijos biológicos, que nacen con sus características individuales (lo que John Rawls llamaría la «lotería natural» que a cada uno cabe en suerte, pero también la «lotería social», porque el feto va absorbiendo las enseñanzas de su entorno sociocultural y los entornos son muy diferentes según el país y el código postal), la personalidad de Adán tiene que ser programada, y por eso se vende al humano manufacturado con un manual de instrucciones de cuatrocientas setenta páginas. Llevar a cabo la tarea de programarlo es ineludible para ponerlo en funcionamiento —¿para darle la vida?—, pero a la vez es un tanto frustrante, porque, a pesar de la programación inicial, el aprendizaje de máquinas irá configurando su personalidad y condicionando sus decisiones a lo largo de su existencia. No digamos ya desde la aparición de la IA generativa, capaz de producir contenidos originales, inesperados en todas las actividades sociales.

Estas innovaciones parecen refrendar la sugerencia de algunos autores de educar a las máquinas en aquellos valores morales que consideramos importantes, empezando el proceso educativo antes de que nazcan, insertándoles en el «cerebro» de silicio unos valores que ya irán rumiando desde el comienzo y que desarrollarán sin tener que esperar al largo proceso de la evolución.[1] A mi juicio, es hoy por hoy pura especulación y plantea una buena cantidad de problemas, como veremos más adelante.

Porque desde el comienzo de la obra de McEwan se plantea la gran pregunta: ¿es posible que la máquina tenga motivaciones, sentimientos subjetivos, autoconciencia, incluida la capacidad para la deslealtad y la traición?[2] A lo largo de la historia no se tiene noticia de ninguna máquina que haya sido desleal y traidora. Según el narrador, el nuevo Adán parece estar hecho para el bien y la verdad[3] y, sin embargo, ¿puede hablarse de «inclinación al bien y a la verdad» en seres que no están dotados de las características que acabamos de mencionar?

2. DE LA ISLA DE MOREAU A LAS LEYES DE ASIMOV Y MÁS ALLÁ

Para ir respondiendo a estas cuestiones retrocederemos en principio algunas décadas en ese ámbito de la literatura que puede llamarse en sentido amplio «de ciencia ficción» y que tantas verdades desvela de la vida cotidiana, y haremos pie en el siglo XIX. En ese tiempo florecen un buen número de novelas inquietantes, estrechamente vinculadas al progreso en los descubrimientos científicos, que se han convertido con el tiempo en referencias indiscutibles de la literatura, el cine y el amplio mundo de la cultura. Una de ellas es *La isla del doctor Moreau*, de H. G. Wells, una obra a la que he recurrido en distintas ocasiones porque descubre de forma palmaria las dificultades que plantea intentar transformar de forma artificial animales no humanos en humanos, tomando como una de las claves esenciales la de inculcarles una mente moral.[4] Moralización y hominización —no sólo humanización— irían entonces de la mano. A mi juicio, algo semejante se intenta hoy de nuevo, pero dando un paso más allá, al tratar de hominizar las máquinas inteligentes programando en ellas una suerte de mente moral. Pasaríamos entonces del sustrato biológico, propio de animales y seres humanos, a un sustrato de silicio.

Todavía en el ámbito biológico, en 1896 publica Wells *La isla del doctor Moreau*, de la que por cierto ha habido excelentes versiones cinematográficas, y en ella deja patente cómo entiende el autor el proceso de hominización llevado a cabo, no por evolución natural, sino de modo artificial, y cómo fracasa rotundamente. Moreau se propone transformar animales no humanos en humanos y para ello cuenta con dos claves: la vivisección, practicada a los animales en un recinto que recibe el nombre de Casa del Dolor y que permite transformarlos fisiológicamente en «humanimales», y la mentalización, la conversión de las mentes animales en mentes humanas. La obra de Wells recibió un buen número de críticas precisamente por los pasajes dedicados a la vivisección, pero lo apasionante es preguntarse por qué le pareció imprescindible no sólo modificar la fisiología de los animales, sino también introducir en sus mentes una ley humana, la «ley de la humanidad». Un «recitador de la ley» recuerda diariamente a los humanimales unas leyes que son propias de la conducta humana y se sustancian en las siguientes: no caminarás a cuatro patas, no sorberás la bebida, no comerás carne ni pescado, no cazarás a otros hombres. Y en cada ocasión, al acabar su cantinela, lanza el recitador la pregunta persuasiva: «¿Acaso no somos Hombres?».

Pero no, no eran seres humanos, y de ahí que la novela acabe en el rotundo fracaso del experimento. Moreau no logra transformar a los animales en humanos y, por si faltara poco, de tanto violentar su naturaleza, sólo consigue que incendien los barracones en los que se llevan a cabo los experimentos, asesinen al doctor y regresen a la selva, que es a fin de cuentas su lugar natural. El relato es sin duda estremecedor y deja en el aire la gran cuestión: ¿por qué fracasó el intento de hominización?

Tal vez la respuesta venga de algo tan sencillo, pero a la vez tan poco reflexionado, como es el hecho de que comprender realmente una ley de la humanidad, una orientación moral, exige contar con un *cuerpo humano* y, estrechamente ligado a él, con ese sentido que permite sintonizar con la ley, que ha recibido el nombre de «sentido moral» o «conciencia» y que lleva entrañados en su seno un conjunto de elementos que más adelante intentaremos desgranar. Por el momento recordaremos cómo Kant en uno de sus libros tardíos, *La metafísica de las costumbres*, afirmaba que en los seres racionales hay unas «prenociones estéticas de la receptividad del ánimo para los conceptos del deber en general», que son de la mayor importancia, porque se refieren a disposiciones morales que, si no se tienen, tampoco hay un deber de adquirirlas.[5] Forman parte de la naturaleza humana y, aunque son estéticas, se las puede calificar a la vez de morales, porque preparan a la persona para escuchar la voz del deber, para comprenderla y para poder obedecerla o desoírla. Esas predisposiciones son, según él, el sentimiento moral, la conciencia moral, el amor al prójimo y el respeto por sí mismo, es decir, la autoestima. Constituyen una especie de antenas de la naturaleza que permiten percibir el deber.

Si un ser careciera de estas disposiciones no contaría con la base natural indispensable para escuchar la voz de la ley moral y seguirla o rechazarla. Podemos decir, recurriendo a la distinción indispensable en el mundo filosófico entre base y fundamento, que la ley moral sería el fundamento de la obligación moral, pero las disposiciones naturales estéticas serían la base sin la que resulta imposible escuchar la voz de la ley y seguirla.[6] Se trataría, como dice Jesús Conill, de una «estética de la libertad»:[7] es una predisposición del ánimo, estética, pero natural, que consiste en la razón práctica que muestra al hombre su deber en el caso concreto, absolviéndolo o condenándolo. De modo que forma parte de su naturaleza biológica moral la predisposición a juzgarse a sí mismo.

Justamente esta conciencia, como herencia biológica, podría ser el punto de contacto entre la naturaleza y la libertad, al igual que las otras tres prenociones estéticas. ¿Contaban los humanimales con esas bases naturales que hacen posible comprender las exigencias y las invitaciones de la moralidad y que constituyen un requisito imprescindible no sólo para la humanización, sino también para la hominización? Algo semejante venía a decir Charles Darwin cuando afirmaba en *El origen del hombre*:

> Suscribo totalmente la opinión de aquellos autores que sostienen que de entre todas las diferencias entre el hombre y los animales inferiores, el sentido moral o conciencia es, con mucho, la más importante. Este sentido, tal como señala Mackintosh, «tiene una supremacía legítima sobre cualquier otro principio de acción humana».[8]

La conciencia o sentido moral no sería, pues, según Darwin, una dimensión intrascendente de la vida humana, sino que, a su juicio, marca la diferencia más relevante entre el hombre y el animal y tiene supremacía sobre cualquier otro principio humano; una afirmación en la que insiste reiteradamente a lo largo de su obra.

Es verdad que un buen número de animalistas insisten en afirmar que entre ciertos animales no humanos, como los chimpancés, y los seres humanos existe un conjunto de disposiciones comunes que podríamos llamar «protomorales» o, por decirlo con

Frans de Waal, los *building blocks* de la moralidad, entre los que señala la reciprocidad, el consuelo, la aversión a la inequidad, la empatía y el seguimiento de reglas de conducta reforzado por otros.[9] Como también es verdad que en algunos casos es discutible que también los animales estén dotados de esos *building blocks*. Pero lo cierto es que, aunque así fuera, no les capacitarían todavía para desarrollar el sentido moral o conciencia, sino que hace falta algo más. Según Darwin, nuestro sentido moral o nuestra conciencia se origina en los instintos sociales, es conducido en gran parte por la aprobación de nuestros semejantes, regido por la razón, el interés propio y, en los últimos tiempos, por sentimientos religiosos, y confirmado por la instrucción y el hábito.[10]

Al leer estos textos no podemos dejar de preguntarnos si en el cambio de siglo del xx al xxi no hemos entrado en una nueva fase en el intento de hominizar seres no humanos, recurriendo en esta ocasión como materia prima a las máquinas. A ello se referiría ese rótulo tan frecuente hoy en día, «Ética para máquinas» o «Ética de las máquinas», un membrete que nació, al parecer, hacia 1991, cuando James Gips comparó diferentes teorías éticas con el fin de incorporarlas a los robots en el texto «Towards the Ethical Robot», y después, en 2000, Storrs Hall introdujo la expresión *machine ethics* en «Ethics for Machines». Desde entonces al menos proliferan los intentos de dotar a los sistemas inteligentes (robots, algoritmos, máquinas) de leyes morales de uno u otro cuño. En principio, la meta consistía en lograr que se comporten de modo que respeten los intereses de los seres humanos y ayuden a satisfacerlos, pero, evidentemente, la empresa ha desbordado sobradamente esta pretensión.

3. UN ROBOT NO DEBE DAÑAR
A UN SER HUMANO

La idea de que es necesario introducir en las «mentes» de los robots normas éticas que los lleven a actuar de forma que coincidan con los intereses de los seres humanos está presente desde el nacimiento de los robots, pero será en 1942, en el cuento de ciencia ficción «Círculo vicioso», cuando el científico visionario Isaac Asimov expondrá las célebres tres leyes de la robótica, a las que recurrirá a menudo en sus escritos. Estas leyes, como es bien conocido, son las siguientes:

1. Un robot no debe dañar a un ser humano o, por su inacción, dejar que un ser humano sufra daño.
2. Un robot debe obedecer las órdenes que le son dadas por un ser humano, excepto cuando estas órdenes están en oposición con la primera ley.
3. Un robot debe proteger su propia existencia, hasta donde esa protección no esté en conflicto con la primera o segunda ley.

Manual de robótica
56.ª edición, año 2058

Más adelante añadirá una ley cero, que precederá a todas las demás: «Un robot no puede dañar a la humanidad, o, por inacción, permitir que la humanidad sufra daños».

Evidentemente, las Leyes de la Robótica de Asimov hubieran planteado una gran cantidad de problemas a los robots para actuar éticamente en los casos concretos, como veremos más adelante, porque para aplicarlas es necesario entender los contextos e interpretarlos y porque a menudo entran en contradicción. Por poner un ejemplo, si por salvar a seres humanos el robot se ve obligado a dañar a otro ser humano que los amenaza, tiene que cumplir y violar a la vez la primera ley. Y como las leyes son formulaciones matemáticas, impresas en los senderos positrónicos del cerebro, el robot se destruye cuando incumple alguna de ellas. El tema ha generado una gran cantidad de discusiones, pero, en cualquier caso, con las leyes se abría la posibilidad y necesidad de una ética de los robots, una ética robótica, una roboética, una ética de la IA o una ética de las máquinas, que han proliferado en nuestros días.

4. EL SECRETO DE LA MÁQUINA. CUESTIONES CRUCIALES

Al hilo de estos sintagmas se plantean al menos cinco cuestiones cruciales:

1. ¿Se trata realmente de una «ética de la IA» en el sentido del genitivo subjetivo por el que entendemos que son las máquinas las que tienen una ética desde la que actúan, unas normas o unos valores desde los que deberían actuar, como podrían ser las leyes de Asimov o cualquier otro modelo ético? ¿O más bien se trata de la ética con la que los seres humanos deben actuar para servirse de la IA?

2. O, dicho de otro modo: ¿una ética de la IA es la que deben practicar los sistemas inteligentes desde sus propios valores o es la que los seres humanos deberíamos adoptar para servirnos de los sistemas inteligentes?

3. El mundo de la IA es ya irreversible y es preciso vivir en él de forma inteligente desde el punto de vista humano. ¿Se trata de que los seres humanos utilicemos los sistemas inteligentes como *instrumentos* o de que los sistemas inteligentes *sustituyan* a los seres humanos?

4. Como ya hemos comentado, tomar las soluciones que ofrecen los algoritmos, aplicados a muy diversas esferas de la vida social, y asumirlas en nuestras decisiones sin mayor reflexión ni crítica, ¿no implicaría caer en un determinismo algorítmico, renunciando a la libertad?[11]

5. ¿Qué tipo de ética sería en cada uno de los dos casos, teniendo en cuenta que hay diversas teorías éticas y muy distintas culturas en la vida cotidiana de un universo multicultural?

6. En el caso de que las inteligencias artificiales pudieran integrar en sus «mentes» normas éticas, ¿se las podría considerar como seres dotados de características, tradicionalmente tenidas por humanas, como sentido moral, conciencia y autoconciencia, autonomía, libertad y responsabilidad? ¿Tendríamos que reconocerlas como personas dotadas de dignidad y de derechos, incluso como miembros de la comunidad social y política?

7. No parece entenderlo así Kipling en el texto con el que hemos dado comienzo a este capítulo, tomado de «El secreto de las máquinas», porque con todo acierto el autor concluye revelando a las máquinas ese secreto, que no es sino el siguiente:

Mas recuerda la ley que rige nuestras vidas;
No estamos construidas para entender mentiras,
No podemos amar, llorar ni perdonar.
Si nos manejas mal, encontrarás la muerte.
Somos mayores que el Hombre o los Reyes.
Sé humilde cuando te arrastres por debajo de nuestras bielas,
Nuestro toque puede cambiar todas las cosas creadas.
Somos todo en el mundo, salvo los dioses.
Aunque nuestro humo oculte los cielos de sus ojos,
Desaparecerá y las estrellas volverán a brillar;
Porque pese a nuestra fuerza, peso y magnitud,
No somos más que el producto de su intelecto.

Sin embargo, ¿tiene razón Kipling o más bien la revolución 4.0 ha superado de tal modo la potencia de la Revolución Industrial, inaugurada con la máquina de vapor, que las nuevas máquinas —las máquinas inteligentes— son o serán capaces de ejercer esas competencias que Kipling les niega?

Incluso podría llegar a ocurrir que las ejercieran de un modo muy superior en comparación con los seres humanos, como aseguran buen número de investigadores que consiguen atraer inversiones millonarias para sus proyectos. ¿Quién —o quiénes— tienen que decidir cómo gestionar este mundo, que ya no es tan nuevo?

5. CUIDAR LA PALABRA, CULTIVAR LA DEMOCRACIA

Porque queda en el tintero una cuestión clave, reflejada en el subtítulo del presente libro, tal vez la cuestión esencial. En nuestra sociedad tecnologizada el inusitado aumento de los canales de conexión a través de plataformas y redes sociales está haciendo posible un progreso en la comunicación entre los seres con capacidad de ejercerla más allá de los confines de la tierra, en el mundo infinito del ciberespacio. Con estas alforjas sería posible construir el presente y el futuro desde un «nosotros» democrático, que alcanzara a todos los seres con capacidad de decidir. Pero el mayor problema consiste en que, para lograrlo, no basta contar con las redes, conectarse no es comunicarse, es preciso cuidar con esmero la palabra, que para lograr la comunicación tiene que ser, entre otras cosas, veraz. Y, desgraciadamente, son malos tiempos para la veracidad, no tanto para la verdad, que continúa conviviendo con la presunta «posverdad». Lo que peligra sobre todo es la veracidad, y conviene recordar que lo contrario de la verdad es el error, lo contrario de la veracidad es la mentira.

Las máquinas no pueden entender una mentira, dirá Kipling, pero los seres humanos sí, por eso podemos romper los puentes de comunicación desde el engaño sistemático, desde la prostitución de la palabra. El mayor peligro no consiste en que robots y algoritmos distorsionen el entendimiento mutuo, porque, hoy por hoy, no son sino el producto de nuestro intelecto. Pero ¿y mañana?

Por desgracia, en este siglo XXI se viene reproduciendo lo que los autores de la primera generación de la Escuela de Fráncfort llamaron en el siglo pasado un «eclipse de la razón», producido por el triunfo de la razón instrumental y estratégica que colonizaba todo el ámbito del espacio público. Con el agravante de que en aquel tiempo fue posible superar el eclipse de la razón al descubrir la existencia de otro tipo de razón, la razón comunicativa, que nos permitiría entendernos y construir juntos un mundo nuevo. Pero en nuestra sociedad tecnologizada, atravesada por infinitas conexiones, cuando las decisiones deben tomarse con tal celeridad que no hay tiempo para calibrar si las noticias que llegan a través de ellas son *deepfakes*, creaciones de ChatGPT en alguna de sus versiones o son veraces y bien informadas, es justamente la razón comunicativa la que está quedando eclipsada, cuando es indispensable para construir una vida humana justa y feliz, y, por supuesto, sociedades democráticas.

Es urgente cuidar la palabra, es preciso cultivar la democracia en nuestro tiempo. ¿Aprovechando los grandes beneficios que puede aportar la IA o poniendo en sus manos la construcción de un mundo mejor, como sugieren un buen número de autores?

La pregunta es, evidentemente, retórica. El bien más preciado es la libertad, la libertad que puede ser disfrutada por todos los seres humanos y que, en su forma política, se expresa de modo óptimo en la democracia, a pesar de todas las limitaciones.

Capítulo 2

TRES TIPOS DE INTELIGENCIA ARTIFICIAL, TRES TIPOS DE ÉTICA

———

1. POLÍTICOS Y EMPRESARIOS VIRTUALES

En abril de 2018 se celebraron elecciones municipales en un distrito de Tokio con más de ciento cincuenta mil habitantes llamado Tama New Town.[1] Entre los candidatos se presentó un robot ginoide, Michihito Matsuda, quien (¿podemos decir «quien»?) quedó tercera en la segunda vuelta con cuatro mil trece votos. En la campaña electoral Michihito había prometido acabar con la corrupción y ofrecer oportunidades justas y equilibradas para todos, y su propuesta había generado una elevada aceptación. Según Michihito, el algoritmo, mediante el *machine learning*, podría sustituir las debilidades emocionales de los seres humanos, causa de malas decisiones políticas, corrupción, nepotismo y conflictos, por un análisis objetivo de los datos generados acerca de las opiniones, expectativas, preferencias y costumbres de la ciudadanía.[2]

Evidentemente, detrás de Michihito se encontraban seres humanos, en este caso Tetsuzo Matsumoto, vicepresidente de Softbank, un proveedor de servicios móviles, y Norio Murakami, exempleado de Google Japón, quienes, según sus declaraciones, la presentaron a las elecciones con el objetivo de conseguir un gobierno justo, aplicando la IA.

Hasta aquí la anécdota, pero transitando a la categoría, ¿qué filosofía late en la base de todo ello? La convicción de algunos tecnocientíficos de que la IA permitirá recopilar datos sobre las necesidades relevantes de la ciudadanía, ayudará a planificar los recursos para satisfacerlas, calibrará las consecuencias de las medidas propuestas y asignará los recursos con justicia, basándose en datos objetivos. En el caso de Matsumoto, entiende que el sesgo emocional y motivacional de los seres humanos (el autointerés y la maximización del beneficio) los está arrastrando a la extinción. Una IA fuerte, exenta de rasgos emocionales, sería capaz de predecir hechos y consecuencias, y de aplicar políticas basadas en el bien común.[3]

¿Cómo no soñar en tiempos de emotivismo compulsivo, de polarización en el mundo político y de «posveracidad» con unos gobernantes dispuestos a trabajar por el bien común, desde el sentido de la imparcialidad, incapaces de entender una mentira, según la ley de Kipling, y, por tanto, incapaces de mentir?

Por si faltara poco, el caso de Matsumoto no es un relato aislado, porque se multiplican los llamados «políticos virtuales». Por ejemplo, Semantic Analysis Machine (SAM) se presenta en su cuenta oficial de Twitter en noviembre de 2017 a las elecciones neozelandesas de 2020, alegando que fabrica decisiones basadas en hechos y opiniones y que no miente ni tergiversa información. Sophia, otro robot ginoide, carente de emociones, obtuvo la ciudadanía saudí en 2017 entre grandes protestas, dada la situación de las mujeres en el país. Y también en el ámbito económico se produce un proceso de algoritmización en las tomas de decisiones. Existe un reconocido elenco de consejeros y directivos algorítmicos en instituciones, organizaciones y empresas, se coloca un algoritmo frente a determinadas secciones o dentro de ellas. Deep Knowledge Ventures, un fondo de inversión del sector biotecnológico, en mayo de 2014 nombró a un algoritmo (Vital) como presidente de la junta directiva. Vital decide dónde debe invertir la empresa, junto con los demás miembros de la junta directiva, pero su voto es de calidad. Según Jessica Fontaine, la portavoz de DKV, Vital puede tomar en consideración muchas más variables que un ser humano, y, además, al carecer de emociones, no se enfada si se rechazan sus propuestas.[4] Xerox, Google, Unilever, L'Oréal o Amazon tienen un algoritmo dentro o al frente de la dirección de recursos humanos y también se multiplican en los medios de comunicación.[5]

Sin duda, este nuevo mundo plantea cuestiones éticas de gran calado, pero la primera de ellas —como dijimos— consistirá en poner sobre el tapete la diferencia abismal que existe entre *hacer uso* de sistemas inteligentes (sean máquinas, algoritmos o robots) a la hora de tomar decisiones y *delegar* en esos sistemas inteligentes decisiones significativas para la vida de las personas y de la naturaleza.

Que Matsumoto se presente a las elecciones y, si gobierna, se sirva de Michihito como ayuda para tomar decisiones no es lo mismo que poner el gobierno en manos de Michihito. Con los grandes avances en temas de IA, ¿se trata de que los seres humanos utilicen los sistemas inteligentes como instrumentos o de que éstos sustituyan a los seres humanos? Y aquí surge la gran pregunta: *¿una ética de la IA es la que deben practicar los sistemas inteligentes desde sus propios valores, o es la que los seres humanos deberíamos adoptar para servirnos de los sistemas inteligentes?* Las tres leyes de la robótica que Isaac Asimov introducía en los cerebros de los robots ¿los convierten en seres capaces de actuar por sus propias leyes, es decir, en seres autónomos, o más bien son los diseñadores de los robots quienes inscriben esas leyes en los cerebros de seres que continuarán siendo heterónomos? ¿Insertar valores en los circuitos de los llamados coches autónomos para que «decidan» ante alternativas dolorosas (por ejemplo, preservar la vida de los peatones o la de los pasajeros del coche) significa dotarles de una ética o simplemente de una pauta?

Ciertamente, los veintitrés principios de Asilomar, propuestos por el Future of Life Institute en la Conferencia Asilomar de 2017, que se agrupan en cuestiones de investigación, ética y valores, y cuestiones a largo plazo, y a los que se considera como una ampliación de las leyes de Asimov, pretenden asegurar que la IA sea diseñada para el bien. Consideran que los sistemas de IA son instrumentos valiosos, que pueden empoderar a las gentes, y de ahí que se formulen principios para conseguirlo, pero no es una ética de los sistemas inteligentes (genitivo subjetivo), sino de los humanos para tratar con los sistemas inteligentes. ¿En qué consiste entonces la ética de la IA?

La cuestión es crucial, porque, como hemos mencionado, puede apuntar a una transformación radical en el devenir de la historia: la racionalidad tecnocientífica habría colonizado a la razón moral desde la antropotecnia.

Evidentemente, el avance tecnológico es exponencial, y la actual capacidad de las tecnociencias, nacidas de la revolución 4.0, plantea una gran cantidad de cuestiones para las que es necesario ir encontrando respuestas. Afortunadamente, existen puntos de referencia éticos, la razón moral ha progresado desde los primeros brotes de la conciencia en el proceso de hominización y existen orientaciones éticas explícitas para hacer un uso apropiado de las tecnologías. Podemos citar como hitos mundialmente reconocibles la Declaración Universal de los Derechos Humanos de las Naciones Unidas de 1948, y, en relación con ella, el Pacto Mundial (1999), los Objetivos de Desarrollo del Milenio (2000) o los Objetivos de Desarrollo Sostenible (2015), que comprometen al poder político, a las empresas y a la ciudadanía a alcanzar las diecisiete metas propuestas en 2030. Pero también una gran cantidad de orientaciones, dirigidas específicamente a la IA.

Sin embargo, la novedad consiste ahora en que es preciso descubrir orientaciones éticas interculturales para utilizar con bien los medios tecnocientíficos, pero también diseñar guías éticas para incorporarlas en los sistemas inteligentes de forma que actúen éticamente. Con lo cual se abre la pregunta por el estatuto moral de esos sistemas: ¿son seres autónomos, responsables de sus actos, personas? Y una segunda: ¿qué «leyes éticas» es preciso o conveniente incorporar en sus programas, que podrán hacer suyas mediante el aprendizaje de máquinas y también producir otras nuevas desde la IA generativa?

En principio, es necesario saber qué se entiende por IA y si existen distintos tipos a los que correspondan diferentes problemas éticos.

2. ¿QUÉ ES LA INTELIGENCIA ARTIFICIAL?

Al abordar este tema conviene recordar que es preciso hablar de «inteligencias», y no sólo de «inteligencia», tanto en el caso de los humanos, como en el de los animales, en el de los vegetales, e incluso en el caso de la Tierra si atendemos a la célebre hipótesis Gaia. Sin embargo, por ir avanzando, podemos asumir una caracterización mínima, entendiendo por «inteligencia» en sentido amplio la capacidad de perseguir metas, planificar, prever consecuencias de las acciones y emplear herramientas para alcanzar las metas. La inteligencia sería entonces la capacidad de resolver problemas con instrumentos.

En lo que respecta a la IA, nace en 1955, en un congreso en Los Ángeles sobre máquinas que aprenden. Es John McCarthy quien introduce la expresión «IA» en 1956 y se refiere con ella a la creación de máquinas que pueden tenerse por inteligentes porque interactúan con los seres humanos hasta el punto de que una persona ya no sabe si está hablando con una máquina o con otra persona humana. Esta prueba recibe, como es sabido, el nombre de «test de Turing». Y se entiende que la IA puede llegar a constituir un nuevo tipo de inteligencia.[6]

Pero, si queremos dar una mayor precisión, podemos recurrir, por ejemplo, a la caracterización del High-Level Expert Group on Artificial Intelligence, creado por la Comisión Europea, en sus *Directrices éticas para una IA fiable*.[7] Según el texto de las *Guidelines*, los sistemas de IA son sistemas de *software* (y posiblemente también de *hardware*) diseñados por humanos que, dada una meta compleja, actúan en la dimensión física o digital percibiendo su entorno mediante la adquisición de datos, interpretando los datos recogidos, estructurados o no estructurados, razonando sobre el conocimiento o procesando la información derivada de estos datos y decidiendo las mejores acciones que hay que realizar para alcanzar la meta. Los sistemas de IA pueden utilizar reglas simbólicas o aprender un modelo numérico, y pueden también adaptar su conducta analizando cómo el entorno es afectado por las acciones previas.

3. LA INTELIGENCIA ARTIFICIAL SE DICE DE MUCHAS MANERAS

A lo largo de estos años se han ido distinguiendo en el ámbito de la IA tres modalidades[8] que, a mi juicio, plantean problemas éticos diferenciados y, por tanto, exigen orientaciones distintas.

1) La *inteligencia superior* o *superinteligencia*. Con esta expresión nos referimos a un tipo de inteligencia que, si llegara a existir, superaría a la humana, de modo que las máquinas podrían sustituir al hombre. Esta modalidad de IA es la que da lugar a las propuestas transhumanistas y posthumanistas con la idea de la «singularidad».

John von Neumann fue uno de los primeros en vislumbrar la

potencia de cálculo que un ordenador podía tener, y llega a afirmar que el progreso en la tecnología y los cambios en nuestra forma de vida «muestran signos de aproximarse a una especie de singularidad esencial en la historia de la especie». En 1983 Vernor Vinge menciona la posibilidad de una singularidad tecnológica y propone la superación de la mente humana por máquinas con IA. Pero la figura más conocida es Raymond Kurzweil, quien recoge la idea en *La singularidad está cerca: cuando los humanos transcendamos la biología* (2005). Según él, los humanos dejarán su soporte biológico y pasarán su inteligencia a las máquinas.

Estos proyectos dan lugar a la Singularity University, fundada en 2008, cuyo lema es: «Preparando a la humanidad para un cambio acelerado de tecnología». Se supone que habrá un cambio de sustrato entre inteligencia humana e IA, porque la singularidad necesita sobrepasar los límites impuestos por el tejido nervioso y el sustrato de la IA será de silicio. Desde esta perspectiva, los seres humanos seríamos un elemento más en la cadena de la evolución que culminaría en esos seres singulares. No se trata en modo alguno del superhombre nietzscheano, para el que el cuerpo es esencial, sino de seres singulares en los que el cuerpo biológico será sustituido por la máquina, de modo que aparecería una especie nueva.

Ciertamente, existen amplias discrepancias en el ámbito de la IA sobre si estos pronósticos del transhumanismo y del posthumanismo van a cumplirse por tener base científica suficiente para ello. Algunos autores dan por sentado que se llegarán a crear superinteligencias artificiales en este mismo siglo; en concreto, Kurzweil considera que en 2045 se conseguirá la singularidad tecnológica, gracias al incremento exponencial de las tecnologías de la información. Sin embargo, otros entienden que no existe base científica para esa suposición.[9] Pero la sola hipótesis ya abre un mundo de cuestiones éticas que es preciso abordar.

En principio, los transhumanistas consideran que es un deber moral trabajar en la línea de intentar transcender la especie humana con todas sus imperfecciones para crear esos seres perfectos que compondrían la singularidad. Si el ser humano es intrínsecamente imperfecto, es un deber moral buscar su mejora por medios técnicos. Sin embargo, dejando de lado por el momento otras cuestiones, se imponen tres realmente centrales.

La primera de ellas nos sitúa en un escenario en el que los seres con una inteligencia superior a la humana constituyen una especie superior que contempla a los humanos como una especie inferior, a su servicio. Resultaría entonces imposible promover una revolución en su contra y la especie humana estaría a su merced. En *Un mundo feliz*, de Aldous Huxley, aparece un personaje libre, el Salvaje, capaz de optar entre la sumisión y el soma y la vida natural, que lleva aparejadas la enfermedad y la muerte, pero también la libre elección. En el mundo de superinteligencias y *Homo sapiens*, al segundo no le quedaría posibilidad de elección. ¿Es realmente un deber moral construir seres presuntamente superiores que pueden plantear problemas como el de la convivencia de dos especies, una superior y otra inferior, que sería la nuestra? ¿No estaríamos abonando un mundo de amos y esclavos, en el que los segundos no tendrían la menor posibilidad de revolución, sino que estarían a merced de las superinteligencias?[10]

Justamente para hacer frente a preguntas como ésta, hoy por hoy de auténtica ficción, autores como Storrs Hall plantearon la necesidad de una ética de las máquinas. A su juicio, la moral ayudó a los seres humanos a sobrevivir y prosperar en el proceso de evolución natural, por eso se ha producido un progreso moral, pero los robots evolucionan mucho más rápidamente que los animales biológicos. Están diseñados, y los diseños evolucionan meméticamente. Dado que hay un nicho sustancial para criaturas casi autónomas, cuyos actos están coordinados por un sentido moral, parece probable que los robots con conciencia puedan aparecer y florecer. Sería un deber moral introducir en esos seres la conciencia, porque se darían cuenta de lo beneficiosa que resulta la moralidad para prosperar.

Y el mismo Storrs Hall reconoce que es natural que exista la «frankenfobia», el miedo a generar monstruos, si se piensa en máquinas más poderosas que nosotros, pero sin conciencia. Construir superhumanos sociópatas es estúpido. Pero si podemos dotar de conciencia y de leyes morales a las máquinas, ellas «serán mejores que nosotros, y nosotros seremos mejores por haberlas creado».[11]

De estas cuestiones nos ocuparemos con más detalle en el próximo capítulo, a cuento del transhumanismo y el posthumanismo, pero por el momento responderemos por nuestra cuenta y riesgo que no hay base científica suficiente para afirmar que podremos crear máquinas dotadas de conciencia y de autoconciencia, capaces de decidir moralmente por sí mismas. A lo sumo podemos decir que funcionan en ocasiones como si estuvieran dotadas de conciencia y de autoconciencia, que funcionan como si fueran autónomas. Pero esta caracterización funcionalista no nos permite pasar a una caracterización ontológica. «Autonomía funcional» no es lo mismo que «autonomía ontológica».

Y, por otra parte, si las superinteligencias funcionaran como si actuaran por normas y valores morales, ¿cuáles serían? Entre muchos otros autores, Nick Bostrom aconseja integrar valores en esas inteligencias que, aprendiendo, se independizarían de los humanos.[12] Pero —a mi juicio— si esto fuera posible, y las máquinas aprendieran por su cuenta, poco podríamos hacer por conseguir que siguieran manteniendo como valores el respeto, la solidaridad, la justicia o la compasión, porque serían los propios sistemas superinteligentes los que irían proponiendo sus valores y actuando o no de acuerdo con ellos, más aún con la IA generativa. Ésta sí que sería una «ética de la IA», en el sentido subjetivo del genitivo, pero nadie garantiza qué valores tendría. ¿Es ahora un deber moral propiciarla?

Como ya hemos comentado, algunos autores, como Mo Gawdat, proponen educar a las máquinas desde ahora, es decir, desde pequeñas, para que vayan optando por los valores que acercan a la felicidad, como es el caso del amor. Y proponen educar con el ejemplo, porque a juicio de Gawdat, los hijos educados por padres buenos son más felices y confiados, y tienden a reproducir la conducta de sus progenitores. Pero, aparte de que esta afirmación es estadísticamente más que discutible, porque hay experiencia más que sobrada de padres bondadosísimos cuyos hijos son criminales, el planteamiento de educar a las máquinas tal vez hoy por hoy sea de ciencia ficción, y entonces, a la hora de dar consejos sobre cómo actuar, es preciso distinguir entre la ficción y las acciones que pueden tener una base científica.

Y, sobre todo, en un mundo en que es una realidad sangrante el sufrimiento causado por las guerras, la pobreza, la aporofobia y la injusticia, la tragedia de los refugiados y de la migración forzada, que aumentará con el cambio climático, pero es ya una de las grandes tragedias de nuestro tiempo, ¿es un deber moral invertir una ingente cantidad de recursos en construir presuntos seres pluscuamperfectos y felices, o es el modo en que empresas poderosas y Estados poderosos consiguen todavía más riqueza y poder? ¿No es una exigencia ética palmaria utilizar los grandes beneficios de la IA para resolver estos problemas acuciantes?

La terrible experiencia de la pandemia del coronavirus, las guerras, siempre crueles, el interminable éxodo de migrantes y refugiados nos recuerdan que es un deber moral potenciar la investigación en todos estos peligros que desafían a la humanidad y a la naturaleza, prevenirse frente a ellos, y volcar los esfuerzos políticos y sociales en defender a los que pueden sufrir daño ahora ya. Otra cosa, como veremos, es incurrir en ideología.

2) Un segundo tipo de inteligencia es la *inteligencia general*, aquella que puede resolver problemas generales. Ésta es la forma de inteligencia típicamente humana, en la que trabajan las mentes más brillantes, y constituye el fundamento de la IA: el objetivo de la IA, como disciplina científica, es conseguir que una máquina tenga una inteligencia de tipo general similar a la humana.

Fue John Searle quien distinguió ya en 1980 entre IA fuerte y débil.[13] La fuerte implicaría que un ordenador es una mente y es capaz de pensar igual que un ser humano, pero lo que intenta demostrar Searle es que la IA fuerte es imposible, porque la máquina carece de la *intencionalidad* por la que los humanos damos significado a lo que nos rodea: una máquina no conoce el significado de los símbolos que maneja. *Sin un cuerpo*, las representaciones abstractas carecen de contenido semántico: no puede haber inteligencia general sin cuerpo. A este respecto es célebre el experimento de la caja china del que habla Searle: una manipulación sintáctica sin comprensión semántica carece de sentido.

Este punto es central: las máquinas carecen del conocimiento de *sentido común* que es posible por nuestras vivencias corporales. El cuerpo es esencial para dar significado a lo que nos rodea mediante la intencionalidad, para comprender e interpretar desde los contextos concretos, para contar con valores, emociones y sentimientos, para tomar decisiones desde ese *êthos*. La cuestión es entonces: ¿es posible dotar de sentido común a las máquinas, aunque no tengan un cuerpo como el humano? Realmente, la financiación que reciben quienes trabajan en ello es astronómica, pero por el momento no parece haberse logrado. Como dice Keane: «Hasta ahora, sin embargo, los programadores humanos han sido incapaces de idear algoritmos capaces de capturar y expresar profundas reservas de sentido común y *savoir-faire et pouvoir faire* de los humanos».[14]

Sin embargo, en el caso de que fuera posible construir sistemas inteligentes con una inteligencia general como la humana, ¿tendríamos que aceptar que están dotados de autonomía y, por tanto, son personas y que, en consecuencia, es preciso reconocerles dignidad y exigirles responsabilidad?, ¿tendrían derechos y deberes?, ¿deberíamos tratarlos con respeto y compasión?, ¿deberían ser ciudadanos del mundo político, elegibles como representantes en sociedades democráticas, sin estar manejados por un ser humano?

Como comentaremos más adelante, la Comisión de Asuntos Jurídicos del Parlamento Europeo propuso en un informe de 2016 crear una personalidad jurídica específica para los robots, de modo que se les considere «personas electrónicas», con derechos y obligaciones específicos, incluida la obligación de reparar los daños que puedan causar. El problema que se intenta resolver es entonces más jurídico que moral, y consiste en averiguar a quién reclamar ante un daño causado por un robot cuando sucede que los robots no tienen propiedad privada. Esta última es la razón por la que algunos autores entienden que no se les puede considerar personas. Una reflexión muy interesante que liga el ser persona a disponer de propiedad.

En cualquier caso, por el momento, parece sumamente improbable que se les pueda considerar personas, porque simularían intencionalidad, emociones, valores y sentido común, pero no dejaría de ser una simulación. Harían «como si» sintieran, pero para sentir se necesita un cuerpo.[15]

3) Por último, la *inteligencia especial* es la que lleva a cabo trabajos específicos; es la propia de sistemas inteligentes capaces de realizar tareas concretas de forma muy superior a la inteligencia humana, porque pueden contar con una inmensa cantidad de

datos y también con algoritmos sofisticados, que pueden llevar a resultados. Es lo que tenemos desde 1958 en diversos ámbitos.

El caso más conocido es el de la supercomputadora de IBM Deep Blue, que jugó al ajedrez con Garri Kaspárov, campeón del mundo, en 1996 y 1997. En 1996 ganó Kaspárov, pero en 1997, Deep Blue había aprendido de sus errores y lo derrotó. El revuelo fue enorme, pero la razón era clara: el sistema inteligente puede llevar a cabo tareas concretas contando con una infinidad de datos y con una capacidad de correlación muy superior a la de los seres humanos. El siguiente caso conocido fue el de AlphaGo, que en 2015 ganó a un jugador profesional de go.

Hay una gran cantidad de problemas que están siendo abordados con ayuda de buenos algoritmos, en el sector de la salud (analizar los síntomas de un paciente en muy distintas modalidades de la medicina, hacer un diagnóstico y proponer un tratamiento), en la predicción climatológica, en la productividad y eficiencia empresarial, en la comunicación, el ocio, la planificación del tiempo, el ahorro de tiempo, el abaratamiento de costes, en el asesoramiento a la hora de conceder un crédito, reconocer voces humanas y leer textos, aconsejar en el ámbito agrícola... El proceso consiste en construir un patrón que permita adivinar el comportamiento futuro, porque se dice que somos humanos predecibles. La búsqueda sistemática de un patrón en un amplio registro histórico se llama *minería de datos* (*data mining*) y se utiliza de forma rutinaria tanto en investigación científica como en el mundo de los negocios.[16] Si en cualquier actividad el hecho de que puede resultar beneficiosa es la razón por la que debe promoverse, no cabe duda de que el mundo de la industria 4.0 ha de promocionarse. Como habrían de promocionarse los logros de las industrias 5.0 y 6.0.

Sin embargo, en todos estos casos el elemento directivo sigue siendo la persona humana que se vale de la potencia del sistema inteligente para calcular y tratar gran cantidad de datos, incluso para aprender de sus «experiencias», generando una inteligencia aumentada.

4. ¿HASTA DÓNDE HEMOS LLEGADO?

Es en este tipo de IA en el que actualmente nos encontramos. No se trata, pues, en este caso, de una ética de los sistemas inteligentes, sino de *cómo orientar el uso humano de estos sistemas de forma ética.*

Considerar esta triple modalidad de IA nos lleva a bosquejar también tres tipos de ética:

1. La ética propia de las superinteligencias, de la que se han ocupado sobre todo el transhumanismo y el posthumanismo.
2. Construir el marco ético de una IA confiable para orientar el tratamiento humano de los sistemas inteligentes especiales, que son aquellos con los que contamos al menos por el momento. Construirlo y ponerlo por obra comporta un buen número de dificultades.
3. Abordar el desafío de la creación de máquinas éticas, que se comporten como colaboradoras de los seres humanos. La primera pregunta es si es posible tal cosa.

Capítulo 3

TRANSHUMANISMO Y POSTHUMANISMO: ¿PRONÓSTICO O IDEOLOGÍA?

―――

1. JULIAN Y ALDOUS HUXLEY: UTOPÍA Y DISTOPÍA

No cabe duda de que los hermanos Huxley —Julian y Aldous— han dejado su impronta en los ensueños de futuro de la humanidad, ligados a las posibilidades de las tecnociencias.

Julian propuso en 1927 lo que él llamó «una nueva creencia», el transhumanismo, como un proyecto realizable de autotrascendimiento de la especie humana valiéndose de las tecnologías. Se lograría mediante la fusión con las máquinas, alojando nuestra mente en máquinas, o manipulando los genes en la línea germinal.

Por su parte, Aldous previno frente a una distopía, ya célebre, en esa extraordinaria novela que es *Un mundo feliz*. En ella se cuenta también con las tecnociencias, en este caso, con la manipulación genética que consigue crear un mundo de seres satisfechos con su suerte, porque han sido preparados biológicamente para ocupar su lugar en un mundo perfectamente jerarquizado, en el que conviven los alfa, beta, gama, delta, épsilon sin aparentes problemas. Es un mundo indeseable para cuantos valoramos la libertad como un bien precioso e irrenunciable, pero muy apetecible para quienes sueñan con un mundo de consumo satisfecho. Sin embargo, a mi juicio, la genialidad de Aldous consiste sobre todo en no atribuir sólo a las tecnociencias la creación de un mundo de esclavos, convencidos de que son felices, ni siquiera al «soma», la droga que les proporciona felicidad, sino sobre todo a la *hipnopedia*, la mentalización a través de palabras repetidas hasta la saciedad, que podrían compararse con lo que hoy son los argumentarios de los partidos políticos, difundidos entre los militantes y extendidos al conjunto de la sociedad. Cuando un político con poder propone una ley o una actuación disparatada, que provoca en principio el rechazo generalizado de la sociedad, asegura inmediatamente que la solución consiste en «hacer pedagogía» sobre el tema. Y eso significa mentalizar a las gentes transmitiendo continuamente mensajes tranquilizadores que justifican el atropello a través de todos los canales de comunicación a su alcance, de modo que el público se pliegue. La hipnopedia constituye, según Aldous Huxley, «la mayor fuerza socializadora y moralizadora de todos los tiempos». Y hay que reconocer que lleva razón. Hipnopedia y tecnociencias son una combinación perfecta para crear un mundo anestesiado.

La hipnopedia crea personas de mente cerrada, incapaces de abrirse al diálogo con otros para enfrentar conjuntamente los grandes desafíos de la época. Contentas con ser acogidas en el regazo de lo políticamente correcto, con ser aceptadas por la opinión pública, que no por la razón pública. De ello hablaremos más adelante; ahora nos ocupamos de la utopía propuesta por Julian Huxley, entre un sinfín de autores.

2. ¿QUÉ ES EL TRANSHUMANISMO? RELIGIÓN SIN REVELACIÓN

El transhumanismo no es una doctrina concreta, sino un movimiento que aglutina distintas propuestas filosóficas, científicas, literarias, sociales, políticas, religiosas, artísticas, y se expresa también a través del cine, la televisión y las redes sociales. En ellas pueden espigarse unos elementos comunes y sobre todo un similar impulso: la pretensión de transformar la condición humana recurriendo a medios tecnocientíficos que permiten mejorar las capacidades humanas en el plano físico, psicológico, intelectual y moral hasta tal punto que podría hablarse ya de seres transhumanos (en tránsito hacia una nueva especie) o posthumanos (una nueva especie desconocida).

En realidad, los seres humanos siempre han intentado mejorar y para lograrlo han recurrido a la técnica, y no sólo para adaptarse al medio y poder sobrevivir, sino sobre todo para intentar adaptar el medio a sus propios proyectos. Como bien dice Ortega, los seres humanos son proyectivos, elaboran planes para lograr lo que consideran una vida buena, y su capacidad técnica les ayuda a perseguir sus propósitos. Pero al hacerlo se transforman profundamente a sí mismos, de modo que podemos decir que no hay una naturaleza humana biológica inmutable, sino que la naturaleza humana es biotécnica y biocultural.

Lo nuevo en nuestro tiempo es que ahora la transformación puede llevarse a cabo a través de las tecnociencias, que convergen en el célebre acrónimo NBIC (nanotecnología, biotecnología, informática —*big data*, internet de las cosas— y ciencias cognitivas —IA, robótica, nuevas técnicas de hibridación, impresoras 3D—).[1] Estas nuevas tecnologías podrían permitirnos diseñar el futuro y dirigir la evolución en vez de dejarnos dirigir por ella, podrían permitirnos marcarle el paso a la evolución y conformar profundamente el devenir a la medida de nuestros deseos. Estarían más cerca de la afirmación orteguiana «el hombre no tiene naturaleza, sino historia», que de la tradición clásica de la ley natural. Una ley que, por otra parte, une elementos descriptivos de carácter metafísico y elementos normativos.

Para caracterizar el transhumanismo podríamos recurrir a las palabras de quien acuñó el término, y a quien ya hemos mencionado, el biólogo Julian Huxley, primer director general de la Unesco. En su texto *Religión sin revelación* de 1927 afirma: «La especie humana puede transcenderse a sí misma, si lo desea [...] —no sólo esporádicamente, un individuo aquí de un modo, otro allá de otro modo—, sino en su totalidad, como humanidad. Necesitamos un nombre para esta nueva creencia. Tal vez "transhumanismo" pueda servir: el hombre permaneciendo hombre, pero transcendiéndose a sí mismo al actualizar nuevas posibilidades de y para su naturaleza humana». El transhumanismo se propondría como meta el autotranscendimiento de la humanidad en su conjunto, y, además, no sólo tratando de encarnar la fórmula de Píndaro y Nietzsche, «llega a ser el que eres», sino la nueva fórmula «llega a ser más de lo que eres». Se trataría, en efecto, de una nueva religión, ayuna de revelación sobrenatural.

Sin embargo, las palabras de Huxley son insuficientes para dar cuenta de la empresa transhumanista, porque, a mi juicio, la clave en este proceso de autotranscendimiento es doble: el papel que desempeña el avance en las tecnociencias para satisfacer aspiraciones ancestrales, y la valoración de la *hibris*, de la desmesura del orgullo y de la arrogancia, como una cualidad positiva.

En cuanto al progreso en las tecnociencias, podríamos decir que «están puestas las condiciones» para acceder a un mundo transhumano y que el transhumanismo, por decirlo con una fórmula más sencilla, es un «intento de transformar sustancialmente a los seres humanos mediante la aplicación directa de la tecnología»,[2] sea mediante la fusión con las máquinas o alojando nuestras mentes en máquinas, sea manipulando los genes en la línea germinal. La transformación sería verdaderamente *sustancial*, implicaría una gran cantidad de cambios profundos, porque no se trataría sólo de «mejorar», cosa que la humanidad siempre ha intentado, sino de acceder a un estado que ya no podría denominarse simplemente «humano». Con el término «posthumano» nos referimos a un ser con habilidades físicas y mentales que excederían tanto las nuestras que no podría ya considerarse humano. Esos seres poseerían una inteligencia superior a la de cualquier genio humano del pasado o del presente, y serían mucho más resistentes al envejecimiento y las enfermedades, serían capaces de controlar sus deseos, evitar el aburrimiento, el cansancio y las emociones desagradables, y de experimentar estados de conciencia que superan el cerebro humano. Podrían elegir vivir como entidades electrónicas y un sinfín de cosas más.[3]

Pero, por otra parte, el transhumanismo es el *impulso prometeico* de satisfacer aspiraciones que los seres humanos han sentido desde los orígenes de la historia, y no han podido satisfacer porque no contaban con los medios técnicos suficientes para lograrlo ni han tenido la osadía y la ambición de intentarlo. Les ha faltado la *hibris*, la desmesura necesaria para intentarlo. La desmesura era para la Grecia clásica una falta castigada por los dioses; quien la tiene como guía no se contenta con la parte que le corresponde en el universo como mortal, y pretende adueñarse de lo que pertenece a los dioses. La pena impuesta a Prometeo por intentar arrebatar el fuego del saber a los dioses es bien conocida, pero lo más sorprendente es la cantidad de ocasiones en que los héroes helenos reciben un castigo por acciones que revelan un exceso de ambición. La prudencia —recomendará Aristóteles— es la mayor de las virtudes del intelecto y aconseja conformarse sabiamente con lo suficiente.

Por supuesto, en el judaísmo y el cristianismo es un pecado, castigado desde el libro del Génesis con la expulsión del paraíso. La ambición de Adán y Eva al querer ser como dioses y creer, como se ha dicho, el primer bulo de la historia que les cuenta en este caso la serpiente, o la pretensión de construir una torre que llegue hasta el cielo, la Torre de Babel, tienen como consecuencias nefastas la expulsión del Jardín del Edén, el primer fratricidio y el diluvio universal.

Sin embargo, en el mundo posmoderno nihilista, la *hibris* se considera como una cualidad necesaria para el progreso y recibe la recompensa debida a los audaces. Precisamente, una de las críticas que han recibido los transhumanistas por parte de los llamados «bioconservadores» o «antimejora» es la falta de gratitud por los bienes recibidos, la falta de humildad y de modestia, una crítica que —a mi juicio— no es certera, porque el transhumanismo considera que no son defectos, sino cualidades de progreso. Para el transhumanista, racionalizar la naturalidad de la enfermedad y la muerte, aceptando que «hay un tiempo para nacer y un tiempo para morir», como dice el Eclesiastés, es lo que nos ha llevado al conformismo, a no intentar la inmortalidad, a no pretender eludir la muerte involuntaria.[4]

Al hilo de estas reflexiones es fácil conjeturar cuáles serían las aspiraciones de la humanidad que podrían por fin satisfacerse con las tecnociencias: liberarse de las limitaciones que nos impone nuestra humanidad, nuestro cuerpo, como el cansancio, el hambre, la enfermedad, el sufrimiento, el envejecimiento o la muerte, y mejorar nuestras capacidades cognitivas y sensitivas. Todas esas limitaciones dependen de nuestra dimensión biológica, pero si pudiéramos librarnos de ella, si pudiéramos ser personas inorgánicas o modificar profundamente nuestro cuerpo recurriendo a la biología sintética, nos desprenderíamos de esos lastres.[5]

No deja de ser llamativa la mala prensa que tiene el cuerpo en tradiciones bien diferentes, mientras que es alabado en otras, también de distinto signo. En el neoplatonismo, que tanta influencia ha tenido en el mundo occidental, es la raíz de todos los males. Heredan esta valoración negativa sectores del cristianismo, mientras que la corriente mayoritaria anuncia la resurrección del cuerpo, autores tan distantes de esta tradición como Nietzsche valoran el cuerpo en grado sumo, y los transhumanistas, y sobre todo los posthumanistas, proponen librarse de él y llegar a máquinas inteligentes, incluso espirituales, o hibridarlo con las máquinas, componiendo cíborgs, de los que hoy en día tenemos ejemplos tan omnipresentes como los marcapasos o el implante coclear.

Por otra parte, la historia del transhumanismo viene envuelta en leyendas y en relatos esotéricos. Un halo de misterio impregna su árbol genealógico desde el relato mesopotámico de Gilgamesh (2100 a. C.), empeñado en vencer a la muerte, pasando por Prometeo, que roba el fuego a los dioses, y continuando por los alquimistas medievales en busca de la piedra filosofal y del elixir de la eterna juventud, el Golem de Praga o la hazaña de Frankenstein, dando vida a un ser inerte con ayuda de la electricidad.

En cuanto al ámbito filosófico, se suele señalar como un comienzo especial el *Discurso sobre la dignidad humana*, de Pico della Mirandola (1486), continuar con algunas propuestas de Condorcet, Franklin, Diderot, y dedicar un amplio espacio a la discusión, hoy sumamente viva, sobre si Nietzsche es un precedente o un enemigo del transhumanismo. Uno de los más relevantes transhumanistas, More, afirma que leer a Nietzsche es lo que le inspiró para adentrase en este camino, pero la gran cantidad de debates que se están celebrando sobre esa presunta paternidad es realmente abrumadora.[6] A todo ello se suma la influencia de los cosmistas rusos o de propuestas teológicas de diverso tipo que recalan en ocasiones en Teilhard de Chardin. Y este sincretismo envuelve al transhumanismo desde el comienzo en una bruma de misterio que dificulta discernir si nos encontramos ante propuestas filosóficas, tecnocientíficas, literarias, políticas o un compuesto de todas ellas, que parece la respuesta más plausible. Como veremos, esta ambigüedad no es en modo alguno irrelevante para abordar el tema.

Por si faltara poco, el transhumanismo se despliega a través de una multiplicidad de corrientes que contienen un núcleo común dentro de diferencias profundas. Dialogar con todas ellas es imposible, porque son tan numerosas al menos como las siguientes:[7]

1. Inmortalismo, abolicionismo, según el cual ciencia y tecnología han de usarse para abolir el sufrimiento involuntario.
2. Posgenderismo, que busca la eliminación del género mediante las tecnociencias y mediante tecnologías reproductivas aún no existentes. Es un híbrido entre transhumanismo y feminismo, y considera que se podrá cambiar de sexo a voluntad, una posibilidad que ya se ha sustanciado legalmente. Hay también posgenderistas que promueven la androginia.
3. Tecnogaianismo, una teoría no antropocéntrica de la personalidad, que atribuye el mismo estatus ontológico a todas las mentes, incluidas las artificiales posthumanas, y que exige el soporte del Estado para costear el avance tecnológico. De ello hablaremos más adelante.
4. Transhumanismo libertario, similar al libertarismo. Se asocia a la *Californian ideology*, que se desarrolla en Silicon Valley desde los años noventa del siglo xx. Es una mezcla de rebelión *hippie*, fantasías lisérgicas, neoliberalismo económico, con el individuo en el centro y el intento de reducir el Estado. Algunos de sus componentes quieren dejar el cuerpo y pasar a un mundo virtual.
5. Tecnoutopismo y un largo etcétera.

Tratar de todos estos movimientos es imposible, pero lo bien cierto es que a la hora de ordenar las distintas propuestas hay un amplio consenso en entender que la clasificación más clarificadora desde el punto de vista epistemológico es la que distingue entre dos vías:

1. La tecnocientífica o cibernética, inspirada en los trabajos de IA, la ingeniería del *software* y la robótica. Busca una hibridación del hombre y la máquina, que recurre a la IA y a la robótica, más que a la biología. Trata de tecnofabricar una posthumanidad, una nueva especie hibridada con máquinas dotadas de capacidades físicas y una IA superior a la humana.[8] Es un posthumanismo, una hibridación entre humano y máquina, una superación de la inteligencia humana por una artificial, que lleva a una especie nueva que permitirá sustituir a los humanos. Sus principales representantes serían Minsky, Moravec, Kurzweil, Sandberg o Bostrom, aunque este último alerta de los peligros que pueden comportar las superinteligencias.

2. La del transhumanismo biológico, que se propone llevar a la humanidad a su más alto desarrollo, defiende el biomejoramiento humano con base biológica, médica, farmacológica y genética. Cuenta con representantes bien conocidos, como Harris, Savulescu o Church. La aparición de la biología sintética (creación de genes para fines específicos) ha sido un gran refuerzo porque parece permitir liderar la evolución. La biología sintética es una tecnociencia capaz de transformar la naturaleza, de recrear la vida y rediseñarla de acuerdo con intereses y necesidades. Se iría generando una nueva especie biológica, construida a la medida de nuestros deseos.[9]

Ciertamente, cada uno de estos dos modelos plantea desafíos éticos específicos, pero los dos tienen en común un «metaproblema» ético fundamental: el de aclarar si el transhumanismo y el posthumanismo son propuestas científicas o más bien ideológicas. Practicar la crítica de la ideología es esencial en una ética de la ciencia.

3. EL PRIMER DEBER ÉTICO DE LAS TECNOCIENCIAS ES NO ENGAÑAR

La actividad científica, como el resto de las actividades humanas colectivas, cobra su sentido y legitimidad social por dirigirse a una meta, y en ese camino debe emplear los métodos que corresponden a su forma de saber. Justamente, las ciencias gozan de un gran reconocimiento social porque se sirven de métodos que, en último término, intentan comprobar sus afirmaciones recurriendo a la experiencia actual o posible. Ése sería, en sentido amplio, el criterio que les permitiría proporcionar un conocimiento objetivo. Éste es el camino que abrió Kant en la segunda mitad del siglo XVIII para poder confiar en las proposiciones científicas.[10]

Como es sabido, Kant permaneció largo tiempo sin publicar ningún libro porque se enfrentó al grave problema de las antinomias de la razón. Se producen las antinomias cuando se aventuran afirmaciones de *totalidad* que entran entre sí en contradicción y no existe ninguna piedra de toque en la experiencia que permita discernir si son verdaderas o falsas. Si no es posible esa comprobación, las afirmaciones no pueden considerarse científicas. En su caso, Kant menciona cuatro antinomias, referidas al espacio, al tiempo, a la contraposición entre determinismo y libertad y al problema de decidir si el mundo tiene una causa. La imposibilidad de resolver las antinomias tiene un efecto muy grave, porque lleva a dudar de la razón como facultad preparada para proporcionar conocimiento objetivo en los asuntos que más preocupan a la humanidad. Precisamente por eso se hace necesario recurrir a la crítica de la razón.

Con la crítica —dirá Kant desde el prólogo a la segunda edición de *Crítica de la razón pura*— «es posible cortar las mismas raíces del materialismo, del *fatalismo*, del *ateísmo*, de la *incredulidad librepensadora*, del *fanatismo* y la *superstición*, todos los cuales pueden ser nocivos en general, pero también las del *idealismo* y del *escepticismo*, que son más peligrosos para las escuelas y que dificilmente pueden llegar a las masas».[11]

Sin una crítica que permita averiguar hasta dónde pueden llegar nuestras facultades cognoscitivas pretendiendo proporcionar conocimiento objetivo, se produce una *metábasis eis állo génos*, el traspaso a otro ámbito de la realidad que no es aquel en el que un concepto se ha generado. Es lo que ocurre en las antinomias, cuando se habla, por ejemplo, de las relaciones entre causa y efecto que pueden ser empíricamente comprobables, y en un momento determinado el autor abandona el campo de la experiencia y busca para un efecto una causa que se encuentra más allá de la experiencia, actual o posible. Es el caso de Newton cuando recurre a Dios para explicar el espacio como *sensorium Dei*. La afirmación entonces no puede pretender ser considerada como científica, porque el límite de las ciencias es la experiencia posible, y una afirmación que rebasa el límite de la experiencia puede ser verdadera o falsa, pero en cualquier caso no es científica, porque no hay modo científico de comprobación. Quien la sigue manteniendo como si fuera científica está actuando de forma dogmática, sitúa su presunto saber a resguardo de cualquier crítica, la inmuniza frente a la crítica.

Como es sabido, Kant era un profesor de filosofía convencido de que es necesario llevar adelante el proceso de ilustración de la humanidad, en el que los científicos desempeñarían un papel decisivo, pero siempre que fueran conscientes de los límites de las ciencias y no cayeran en la tentación de hacer afirmaciones de totalidad sobre las que cabe formular opiniones muy diversas, pero es imposible encontrar una piedra de toque en la experiencia actual o posible para discernir si son verdaderas o falsas. Evidentemente, es lícito aventurar bosquejos de totalidad y de futuro como *idea regulativa*, como orientación para proseguir en la investigación desde los avances con los que ya se cuenta, pero no es lícito darlos por realidad contrastada. Podríamos decir, con el lenguaje médico actual, «fundada en la evidencia».

Ciertamente, existen diversas modalidades del transhumanismo, pero las más atractivas para el público son las más radicales, las que han podido caracterizarse como una auténtica *utopía*, como una cosmovisión de totalidad que amalgama tesis filosóficas, científicas, tecnológicas y sociales, teniendo como base sobre todo el progreso exponencial de las tecnociencias.[12] Asegurar la muerte de la muerte,[13] tratar el envejecimiento como una enfermedad que puede y debe ser curada, pronosticar el advenimiento de superinteligencias en la línea de la singularidad, y todo ello en un plazo determinado que pueden conocer las actuales generaciones, hasta el punto de que Kurzweil asegura que en 2045 se conseguirá la singularidad tecnológica, pueden, en efecto, ser afirmaciones utópicas, pero no científicas. Y justamente el transhumanismo cifra su credibilidad en tales afirmaciones, pretende infundir confianza en el público porque dice basarse en las tecnociencias.

Sin embargo, el prestigio de la ciencia está ligado a su capacidad de verificación o falsación, dentro del marco de la experiencia posible. Pretender ganar ese prestigio y esa credibilidad con afirmaciones que exceden con mucho la posibilidad de contrastación actual o posible, pretendiendo que son científicas, es un engaño palmario, que atenta contra el *éthos* más básico de la ciencia, contra el carácter que le da sentido y legitimidad, y que consiste en buscar la verdad a través de la comprobación empírica. Una utopía científica es simplemente un engaño.

El *primer deber ético* del transhumanismo consiste, pues, en aclarar si sus propuestas de totalidad —sus utopías— tienen valor científico, que es el valor sobre el que descansa su crédito. Es decir, discernir qué hay de científico y qué rebasa los límites de lo científicamente acreditable. Evidentemente, es real y posible la prolongación de la vida, y, en este sentido, un desafío ético inminente consiste en preguntar cómo organizar esa vida prolongada, que cambia muchas de las claves de nuestras expectativas actuales.[14] Son posibles y reales el aplazamiento de la muerte por enfermedad, la mejora de la calidad de vida en las edades tercera y cuarta, la creación de inteligencias ampliadas, la construcción de IA, la biomejora de capacidades humanas y todas las ventajas que comporta la industria 4.0. Pero el salto a la inmortalidad, la salud perpetua y las superinteligencias, incluso a la IA general, hoy por hoy no es científico. Puede ser un proyecto, pero sin base científica suficiente.

4. SILICON VALLEY, CHINA, LA UNIÓN EUROPEA. GEOESTRATEGIA DEL PODER

Y este salto ilegítimo provoca sospechas que exigen *practicar la crítica en un segundo sentido*, relacionado ahora no con Kant, sino con Marx y la Teoría Crítica de la Escuela de Fráncfort. Como bien decía Habermas, la ciencia y la técnica se pueden convertir en ideología, en esa visión deformada y deformante de la realidad que permite satisfacer los intereses espurios de los poderosos para practicar la dominación. En este caso, los intereses de industrias como la armamentística y la farmacéutica o de plataformas potentes que consiguen una gran cantidad de recursos utilizando la opinión pública y las redes sociales como medio de ideologización.

En efecto, en 1968 publica Habermas su célebre artículo «Ciencia y técnica como "ideología"», en el que, en diálogo con Marcuse, muestra cómo la ciencia y la técnica se han convertido en parte de la estructura ideológica que legitima la dominación.[15] Como puntualizarán tanto Habermas como Apel, es imprescindible delimitar los roles de los dos intereses que lideran el progreso del conocimiento en la evolución de la especie —el científico-técnico de dominación y el práctico en la comprensión entre los sujetos—, de modo que sea el diálogo entre los sujetos el que decida sobre el uso de la ciencia y de la técnica con vistas a la emancipación, con vistas a poner fin a las sociedades ideologizadas.[16] Si la ciencia y la técnica —hoy tecnociencias— se convierten en ideología, y dominan con promesas irrealizables el espacio de la opinión pública en que los sujetos deliberan y debaten, entonces sirven para fortalecer la dominación apoderándose del espacio público.

Es verdad que algunos transhumanistas han tenido y están teniendo buen cuidado en distanciarse de anteriores proyectos de modificar a la especie humana de cuño totalitario, levantando la bandera progresista y ligando sus propuestas cada vez más al liberalismo cultural, a la democracia política y al igualitarismo. Es el caso, entre otros, de James Hughes, quien considera que la biopolítica está emergiendo como una nueva dimensión de la opinión política. En *Citizen Cyborg* propone un «transhumanismo democrático», que articula la biopolítica transhumanista con la política social democrática y económica y con la política liberal cultural. Entiende que conseguiremos el mejor futuro posthumano cuando aseguremos que las tecnologías son seguras, accesibles a todos y se respetan los derechos individuales en el control de los propios cuerpos. Los beneficios han de llegar a todos, no sólo a una élite, y para lograrlo el Estado debe intervenir.

Sin embargo, aunque los defensores del transhumanismo promuevan diálogos en la opinión pública, si la información del público es falsa, porque las promesas no cuentan con base científica suficiente, el discurso transhumanista busca, lo quiera o no, legitimar la ideología.

Y no deja de ser sospechoso que desde mediados de 2000 el

transhumanismo se enraíce cada vez más en Silicon Valley, en Palo Alto. Empresas multimillonarias entran en el juego y en este lugar de California se crean los más importantes institutos de transhumanismo, incluido el Singularity Institute. Y sigue siendo sospechoso que desde los años noventa se venga desarrollando en ese lugar la llamada *Californian ideology*. «The Californian Ideology» es un ensayo publicado en 1995 por Richard Barbrook y Andy Cameron, de la Universidad de Westminster, en el que indican que el surgimiento de las tecnologías de redes en los noventa en Silicon Valley estaba ligado al neoliberalismo norteamericano en una hibridación paradójica de ideas de izquierda y derecha en la forma de un esperanzado determinismo tecnológico.[17]

Un segundo reto ético planteado por el transhumanismo consiste, pues, en analizarlo desde el punto de vista de la crítica de la ideología, dilucidando si no está intentando seducir a las pulsiones humanas más profundas con promesas incumplibles, desde intereses económicos y de poder que recurren al discurso de las utopías científicas. Distinguir entre una comunicación distorsionada, es decir, ideológica, que encubre intereses espurios de dominación, sean comerciales, políticos o de ambos tipos, y una comunicación que busca el entendimiento, no la adhesión desinformada, se hace necesario. *Es la intersubjetividad humana, el diálogo entre los afectados por las tecnociencias, el que debe liderar el uso de las técnicas —hoy en día, las aportaciones tecnocientíficas—, desde un diálogo bien informado.*

Y un tercer desafío ético consiste en esclarecer a qué tipo de ética se apela para mostrar la bondad moral de las propuestas: ¿a una ética individualista, propia de un liberalismo no social, que adopta la jerga de lo políticamente correcto, aunque en realidad no es coherente con sus propuestas, o a una ética basada en la convicción de que los seres humanos se hacen desde el reconocimiento recíproco, es decir, desde el reconocimiento intersubjetivo, de modo que el progreso tiene que atender a las personas y a los vínculos que les permiten serlo? El progreso tiene que pasar entonces por adensar los vínculos de una intersubjetividad no ideologizada. Y no puede consistir en perseguir una *utopía*, porque las ciencias no tienen que ofrecer utopías, sino caminos comprobables para perseguir una *meta viable y deseable*. Ésta sería, a mi juicio, la ética propia de las tecnociencias, que ha de tener en cuenta el quehacerse dialógico de los seres humanos.

5. ¿DESDE QUÉ ÉTICA?

El primer desafío ético en el ámbito del transhumanismo y del posthumanismo consiste en distinguir entre las propuestas que están científicamente avaladas por tener un respaldo en la experiencia, actual o posible, y aquellas otras que no gozan de un respaldo científico. Poner a la luz abiertamente que es científicamente ilegítimo el tránsito del primer tipo de propuestas a las segundas, tratándolas a todas como si tuvieran un aval científico, es lo primero que exige una ética de la ciencia, entendida como ética de la responsabilidad. Se trata con ello de practicar la crítica de la razón, que es el camino ilustrado hacia un saber confiable, teniendo en cuenta que la confianza es indispensable para el funcionamiento de las sociedades, sea en las tecnociencias, en la política, en la economía o en las demás actividades de la vida compartida.

Un segundo reto ético consistiría en tratar de desentrañar si llevar a la opinión pública determinados proyectos posthumanistas y transhumanistas como si estuvieran bien acreditados no es en realidad hacer un uso ideológico de las tecnociencias, dado el poder económico y político que entrañan. Practicar la crítica de la ideología se haría necesario para evitar que sea el interés técnico por dominar, en manos de poderes económicos y políticos, el que lleve las riendas del presente y el futuro. Cuando lo bien cierto es que, desde un punto de vista ético, son los sujetos afectados por las consecuencias de las tecnociencias, es decir, las personas, las que tienen que decidir el futuro desde el diálogo abierto y contando con información fidedigna. Es el interés práctico en el entendimiento mutuo y el acuerdo el que tiene que poner también a las tecnociencias en el camino de construir una sociedad emancipada, libre de ideologías.

Sin duda, la revolución 4.0 es ya el mundo en el que vivimos y proporciona instrumentos muy valiosos para construir una sociedad que pueda servir mejor a los seres humanos y al cuidado de la naturaleza desde las nuevas posibilidades. Pero para emprender ese camino es preciso optar por una ética que reconozca que lleva la intersubjetividad entrañada en su seno, porque es consciente de que no somos individuos aislados, sino que devenimos personas desde el reconocimiento recíproco como interlocutores válidos, como seres dotados de dignidad y no un simple precio, como quienes son carne de la misma carne y hueso del mismo hueso. Ésta sería una ética dialógica de la razón cordial.[18]

Capítulo 4

INTELIGENCIA ARTIFICIAL CONFIABLE: ¿UN CAMBIO DE ÉPOCA?

————

1. EL «EFECTO BRUSELAS»

El 14 de marzo de 2024 la Comisión Europea propuso el primer marco jurídico integral sobre IA que se había elaborado hasta entonces en todo el mundo. La ley venía precedida por la AI Act, un reglamento propuesto el 21 de abril de 2021, y tenía como objetivo fomentar una IA fiable en Europa y más allá de ella, intentando que se respeten los derechos fundamentales de los seres humanos, la seguridad y los principios éticos. Con esta ley, Europa pretende asumir el liderazgo a escala mundial en el ámbito normativo cuando ha surgido la IA de propósito general —la IA generativa avanzada—, que tendrá una gran relevancia económica y social. La preocupación de la Unión Europea es que la IA pueda desarrollarse bajo una regulación que cuide la supervisión humana, la transparencia y la rendición de cuentas, pero no sólo eso, sino también que pueda extenderse mundialmente la opción de regular jurídicamente la creación, el desarrollo y el uso de esas tecnologías para que estén claramente al servicio de los seres humanos. Esa pretensión de que la norma regulatoria se extienda por todo el mundo es lo que se ha venido llamando el «efecto Bruselas», un sintagma acuñado por Anu Bradford en un artículo de 2012,[1] que en 2020 dio título a un libro. Europa sería una superpotencia regulatoria que podría crear un marco común para beneficio también común.

Si la Unión Europea tendrá éxito o no con esta pretensión el tiempo lo dirá, porque es verdad que el efecto contagio es muy poderoso, pero será difícil que lo logre. Las grandes plataformas y los países bien situados en la carrera tecnológica no parecen dispuestos a pagar el coste de oportunidad que representa la renuncia a potenciar la investigación, el desarrollo y la comercialización de unas tecnologías tan poderosas económica, política y socialmente, cuando otros lo harán con toda seguridad; aunque Bradford afirmó en un libro posterior, *Digital Empires* [Imperios digitales], que los tres modelos de política digital (Estados Unidos, basado en un mercado abierto; China, en un centralismo estatal; y la Unión Europea, en la regulación) se han entremezclado y que las tres potencias articulan la política digital con la seguridad nacional.[2]

En cualquier caso, la ley europea será un documento vinculante en el seno de la Unión, que se aplicará a los dos años a partir de su publicación. Su objetivo es doble: garantizar que los sistemas de IA utilizados en Europa sean seguros y respeten los derechos de los ciudadanos, y, por otra parte, estimular la inversión y la innovación en el ámbito de la IA en Europa al ofrecer seguridad.

Ciertamente, la política de la Unión Europea desde el nacimiento de la IA ha consistido en intentar ofrecer una IA confiable. Por eso, a pesar de la diferencia entre ética y derecho, la ley es la prolongación de una preocupación que ya Europa mostró en 2019 cuando propuso aprovechar las oportunidades que proporciona la IA trazando el marco ético que llevaba por título *Ethics Guidelines for Trustworthy AI* [Directrices éticas para una IA fiable], con la convicción de que *la confianza ha de ser la piedra angular de las sociedades*. Sin una confianza básica y bien fundada, las sociedades no funcionan. De hecho, se dice textualmente en las *Guidelines* que «la nueva revolución tecnológica, referida a tecnologías digitales inteligentes (como la IA, los algoritmos *machine learning*, el *deep learning* y las redes, la mecatrónica y la robótica), ha llevado a la necesidad de reflexionar sobre el marco ético que queremos dar al diseño, a la producción, al uso y al gobierno de la IA, la robótica y los llamados sistemas "autónomos"». Evidentemente, a ello se une en los últimos tiempos la atención a la IA generativa, que supone una gran revolución por su carácter imprevisible y que ha suscitado la creación de la ley jurídica de 2024. Ante los inminentes riesgos planteados, la ley de IA establece reglas para diferenciar entre tipos de IA según su complejidad y según su riesgo, distinguiendo entre riesgo inadmisible, alto, limitado y mínimo. El riesgo inadmisible se refiere a los sistemas de IA que suponen una amenaza para la seguridad, los medios de vida y los derechos de las personas, y abarcan desde la puntuación social por parte de los Gobiernos hasta los juguetes que utilicen asistencia de voz y fomenten comportamientos peligrosos. Los sistemas de alto riesgo, que son un buen número, estarán sujetos a obligaciones estrictas antes de que puedan comercializarse. Un ejemplo claro son todos los sistemas de identificación biométrica remota. Los sistemas de riesgo limitado, por su parte, tienen obligaciones específicas de transparencia. Al usar chatbots, los usuarios han de ser conscientes de que interactúan con una máquina. El riesgo mínimo o nulo se refiere a videojuegos y similares. La gran mayoría de los sistemas de IA utilizados en la Unión Europea entran en este nivel.

Evidentemente, la ley viene acompañada de una fuerza coactiva, cosa que no podían hacer las recomendaciones éticas, y, por tanto, especifica en los diferentes casos las penas que pueden imponerse por las infracciones. Pero el germen de la preocupación por promover una *IA confiable* se expresaba ya en esas *Guidelines* de 2019 y es sencillo encontrar un hilo conductor entre ellas y la nueva ley de 2024, que amplía su campo a las nuevas tecnologías de IA y exige el cumplimiento mediante coacción, pero desde unos principios éticos semejantes.

2. LA VENTAJA COMPETITIVA DE LA UNIÓN EUROPEA

En efecto, las orientaciones éticas de 2019 bosquejaron un marco con tres componentes: 1) legal, cumpliendo las legislaciones; 2) ético, ateniéndose a los principios y valores; y 3) robusto desde el punto de vista ético y social, porque aun con buenas intenciones se pueden causar daños. El capítulo 1 desarrolla los principios éticos de respeto a la autonomía humana, prevención del daño, *fairness* y explicabilidad. El capítulo 2 desarrolla siete exigencias para una IA confiable, que son las siguientes: 1) agencia humana y supervisión, 2) robustez técnica y seguridad, 3) privacidad y gobierno de los datos, 4) transparencia, 5) diversidad, no discriminación y *fairness*, 6) bienestar medioambiental y social, y 7) rendición de cuentas. A continuación, se proponen métodos técnicos y no técnicos para implementar esas exigencias.

Sin embargo, lo más relevante, a mi juicio, es que, en la línea seguida habitualmente por los documentos de la Unión Europea, las *Guidelines* tratan de *unir progreso técnico y fecundidad ética*. Y añaden expresamente que una IA confiable en productos y servicios será el camino de la ciudadanía europea para lograr una ventaja competitiva. Si Europa quiere ser líder global, también en IA, debe maximizar los beneficios de los sistemas inteligentes, previniendo riesgos: un enfoque confiable posibilita la «competitividad responsable», al ofrecer a los afectados una confianza que llevará a Europa —se dice— a ser líder global. La ventaja competitiva —se afirma expresamente— será la ética.

Éste era también el planteamiento de la responsabilidad social empresarial en el *Libro verde: fomentar un marco europeo para la responsabilidad social de las empresas* (2001), en el que se invitaba a las empresas a asumirla si Europa quería convertir su economía en la más competitiva y dinámica del mundo, capaz de crecer de modo sostenible, con más y mejores empleos y mayor cohesión social. *Se trataba de obedecer al imperativo de la productividad, ligándolo al de la humanidad.* Lo justo y lo conveniente se unían, como así tiene que seguir siendo.

Y éste es también el mensaje que transmiten las orientaciones para una IA fiable en 2019 y el que continúan transmitiendo documentos posteriores. Nuestro mundo es ya el de la digitalización y las inteligencias artificiales, en él vivimos, nos movemos y somos. El paso es irreversible y, por tanto, no cabe preguntar si debemos darlo, sino cómo hacerlo para conseguir el mayor bien posible. Las nuevas tecnologías son fuente de competitividad y de productividad, y los países y las organizaciones que se excluyan de ese mundo perjudicarán a sus miembros y a su entorno, porque perderán peso y relevancia en una carrera en que otros países y organizaciones seguirán progresando exponencialmente.

Afortunadamente, en el momento actual la realidad innegable de las llamadas «éticas aplicadas» ha dado cuerpo al sueño hegeliano de que la moral se encarne en las instituciones.[3] Las éticas aplicadas, que nacieron en los años sesenta y setenta del siglo pasado, suponen la aplicación de la ética cívica de una sociedad moralmente pluralista en las distintas esferas de la vida social. Aceptando la distinción muy extendida en el terreno de la ética entre «lo justo» y «lo bueno», entre las exigencias de justicia y las ofertas de felicidad y vida buena, sociedades pluralistas son aquellas que articulan una ética de mínimos de justicia con las éticas de máximos de vida buena, que pueden ser seculares o religiosas, de modo que los distintos grupos sociales pueden llevar adelante sus ideales de vida feliz desde unas exigencias de justicia compartidas. El asunto es de la mayor importancia, porque los mínimos de justicia —aquellos por debajo de los cuales no puede retrocederse sin caer en inhumanidad— se exigen, mientras que las propuestas de vida buena se aconsejan, se invita a adoptarlas.[4]

Esas exigencias de justicia, que componen la ética cívica de las sociedades pluralistas, se han ido aplicando en cada uno de los ámbitos de la vida social, de modo que hay una transversalidad de la ética común a la economía, la empresa, la bioética, la política, la educación, los medios de comunicación, un sinfín de sectores más, y en nuestro tiempo ha cobrado una especial relevancia la ética de la IA. Un buen número de organismos en el ámbito local, nacional, supranacional y global está asumiendo su responsabilidad en la ética aplicada a las tecnociencias, y en lo que a este libro respecta, en la aplicada a la IA.

En 2017 vieron la luz los principios de Asilomar de la IA, pero sobre todo en el contexto de la Unión Europea han surgido propuestas de marcos éticos como el Marco Ético para una Buena Sociedad de la IA, propuesto por el AI4People en diciembre de 2018; la Declaración de Derechos Humanos en Entornos Digitales, que la Universidad de Deusto presentó el 26 de noviembre de 2018; las *Ethics Guidelines for Trustworthy AI* del Grupo de Expertos de la Comisión Europea de abril de 2019, o la Ley de IA de 2024, que ya se inscribe en el terreno del derecho.

3. EL COSTE DE OPORTUNIDAD EN UNA CARRERA SIN COMPASIÓN

El Future of Life Institute publicó el 23 de marzo de 2023 una carta abierta en que pedía una moratoria en el desarrollo de sistemas avanzados de IA. En diez días, casi mil ochocientas personas firmaron la carta, entre ellas Yuval Noah Harari, Elon Musk,

Stuart Jonathan Russell y Steve Wozniak. Los firmantes expresaron su temor de que perdamos el control de nuestra civilización, porque se está produciendo una carrera desbocada para desarrollar e implementar sistemas de IA que nadie puede entender, predecir ni controlar de manera confiable. Por eso instaban a los laboratorios de IA a adoptar una pausa de seis meses en el entrenamiento de sistemas de IA que son más poderosos que GPT-4. Se trataría en ese tiempo de asegurar que los sistemas de última generación sean más precisos, seguros, interpretables, transparentes, robustos, coordinados, confiables y leales. La llamada de atención fue importante, pero la moratoria, como era de esperar, no fue aceptada. Para tener sentido tendría que lograrse un acuerdo en que se implicaran los países que cuentan con las grandes plataformas (Estados Unidos, China, Reino Unido, Corea del Sur o Rusia). En caso contrario, es posible —aunque muy improbable— que los países más respetuosos ralentizaran su marcha, pero con seguridad los mejor situados reforzarían su actividad, con lo cual los primeros quedarían condenados a la irrelevancia.

Éste es uno de los dramas de la Unión Europea, porque en un mundo multipolar ha quedado dolorosamente rezagada frente a China y Estados Unidos, también en el caso de la IA. De hecho, se dice, y con razón, que Estados Unidos es líder en innovación, China, en productividad, y la Unión Europea, en normatividad.

A mi juicio, junto al reto de organizar los juicios migratorios de acuerdo con el principio básico del respeto a la dignidad humana, la promoción de la IA es una obligación moral, política y económica para la Unión Europea.[5] Si Europa no asume este reto, quedará condenada a la irrelevancia. Lo cual será perjudicial para cada uno de nuestros países y para esa unión supranacional que es la Unión Europea, tan estrechamente ligada a Iberoamérica. Pero también será nefasto para el contexto global, porque en el mercado mundial de las propuestas dejará de estar presente la que constituye el corazón de Europa: la de una socialdemocracia, la de una economía social de mercado, que tiene por innegociable la protección de derechos civiles y políticos, pero también económicos, sociales y culturales, que no pueden quedar al juego del mercado.

Era la tesis que ya defendía en 1991 Michel Albert en su libro *Capitalismo contra capitalismo*, al señalar la diferencia entre el capitalismo renano y un capitalismo neoliberal, y más tarde Jeremy Rifkin en *El sueño europeo* (2004). Pero la necesidad de hacer oír la voz socialdemócrata se ha hecho todavía más urgente con el desarrollo del capitalismo comunista chino, que se niega a hablar de derechos humanos y hace uso de la IA como un instrumento de control para su sociedad.

Es verdad que en Europa las actuaciones no están de acuerdo con las declaraciones, y que la Carta de los Derechos Fundamentales de la Unión Europea está muy lejos de respetarse. Pero también es verdad que, si Europa queda condenada a la irrelevancia, ni siquiera su propuesta tendrá un lugar en el espacio público mundial como una oferta con la que hay que contar. Por eso es preciso hacer el difícil esfuerzo de conjugar la *eficiencia* en los sistemas de IA con la *protección* y la *promoción* de los derechos personales.[6] La relación entre eficiencia y promoción de los derechos no puede plantearse como un dilema, sino como un problema que ha de resolverse con inteligencia.[7] Como bien dice Andrés Pedreño, necesitamos una IA controlada, optimizada, gestionada y que empodere a las personas. En caso contrario, España y Europa estarán no en la nube, sino en las nubes.[8] Pero a la vez es necesario evitar que las personas pierdan derechos, que se les robe su intimidad, porque, como dice Jesús Conill, eso significaría perder en libertad y justicia, perder en humanidad. Ése sí que es un coste que nunca deberíamos asumir.[9]

4. PRINCIPIOS ÉTICOS PARA LA REVOLUCIÓN 4.0

El marco ético para una IA confiable se reconoce desde 2019 y en los documentos posteriores de la Unión Europea explícitamente como *humanocéntrico*, aunque señalando también que una de las metas consiste en respetar la naturaleza. Los sistemas inteligentes son instrumentos para mejorar la vida humana y la naturaleza, y no fines en sí mismos. Una afirmación que discutirían quienes entienden que los robots humanoides pueden tenerse por autónomos y, por supuesto, transhumanistas y posthumanistas, como hemos comentado. Pero los documentos de la Unión Europea referidos a la IA son en todos los casos humanocéntricos.

Y en este sentido, el grupo del Atomium European Institute siguió el hilo conductor de los cuatro principios clásicos en éticas aplicadas, que ahora se aplicarían a entornos digitales, añadiendo un quinto: la explicabilidad y la rendición de cuentas, y la trazabilidad. Los principios clásicos serían el de beneficencia, que exigiría ahora poner los progresos al servicio de todos los seres humanos y la sostenibilidad del planeta; el de no maleficencia, que ordenaría evitar los daños posibles, protegiendo a las personas en cuestiones de privacidad, mal uso de los datos, en la posible sumisión a decisiones tomadas por máquinas y no supervisadas por seres humanos; pero también el principio de autonomía de las personas, que puede fortalecerse con el uso de sistemas inteligentes, y en cuyas manos deben ponerse tanto el control como las decisiones significativas; y, por supuesto, el principio de justicia, que exige distribuir equitativamente los beneficios. A ellos se añadiría un principio de explicabilidad y *accountability*, porque los afectados por el mundo digital tienen que poder comprenderlo. Comentaremos brevemente estos principios.

Beneficencia

En cuanto al principio básico de beneficencia, ya mencionamos un amplio conjunto de beneficios en el capítulo 1, pero aumenta el elenco de aportaciones positivas continuamente y de modo exponencial, tanto para las organizaciones como para la vida personal. Sin duda, las nuevas tecnologías producen un buen número de beneficios que se deben aprovechar y que van aumentando su fecundidad con el *deep learning* y con la IA generativa, capaz de «crear» contenidos nuevos a partir de datos existentes, capaz de utilizar algoritmos y redes neuronales avanzadas para aprender de textos e imágenes. El gran avance consiste en que la IA generativa no sólo procesa información, sino que crea contenidos nuevos y originales. Evidentemente, la utilización de ChatGPT para obtener información resumida, ahorrando tiempo y esfuerzo en búsquedas agotadoras, o para responder a preguntas, es un gran avance, pero también lo es aprovechar su poder creativo.

Autonomía y dignidad

Sin embargo, los beneficios deben estar al servicio de las personas y deben ser controlados por las personas, que son seres autónomos y a las que, por lo mismo, reconocemos dignidad. Y aquí topamos con un tema recurrente en el mundo de la IA.

Aunque se hable de «coches autónomos» y de «sistemas autónomos», ¿es correcto adjudicarles este adjetivo o lo cierto es que el término «autonomía», en el pleno sentido de la palabra, sólo puede aplicarse a los seres humanos? Porque la autonomía, en ese pleno sentido, no consiste sólo en llegar a ofrecer soluciones al cabo de un proceso, marcando una de ellas sin depender de otros.

La autonomía consiste en la *capacidad de autolegislarse*, de darse leyes a sí mismo, de autoobligarse, es decir, de obligarse a sí mismo a actuar, sin ponerse en manos de órdenes ajenas, y de *auto-determinarse*, es decir, en la capacidad de poder determinarse a sí mismo a seguir las leyes o eludirlas, la capacidad de darse metas y seguirlas, y de optar no sólo por normas idiosincráticas, es decir, por aquellas que dependen de la propia constitución psicológica, por leyes que dependen de la peculiar constitución del sujeto, sino también por leyes que el sujeto universalizaría por considerar que son válidas para el conjunto de la humanidad, porque son leyes que humanizan.

Nos referíamos antes a *La isla del doctor Moreau* y cómo el proceso para transformar a los humanimales en hombres consiste en intervenir en sus cuerpos, pero sobre todo en tratar de infundir en sus mentes una «ley de la humanidad». Tras la mención de cada norma, el recitador pregunta «¿acaso no somos Hombres?». Dejando de lado a Moreau, podemos decir que la autonomía es la capacidad de un ser de transcender las fronteras de su egoísmo y actuar por aquellas leyes que considera que humanizan.

Ese concepto de «autonomía» es el que Kant perfiló sobre todo en la *Fundamentación de la metafísica de las costumbres* y que, de un modo u otro, está presente en nuestra cultura trescientos años después del nacimiento de Kant. Evidentemente, esta concepción de «autonomía» es muy discutida y discutible, pero, si se piensa en serio, la pretensión de que hay actuaciones que humanizan está presente en todas las personas y culturas. Qué contenido debe dársele es lo que es necesario decidir a través de una argumentación que una razón y corazón.[10]

Cuando se habla de sistemas inteligentes «autónomos», incluidos los robots humanoides y sociales, en realidad puede decirse de ellos que tienen una *autonomía funcional, no ontológica*; funcionan como si fueran autónomos. Funcionan como si se reconocieran mutuamente y fueran capaces de comunicarse, cumpliendo con los requisitos que exige la comunicación simbólica humana, pero no lo hacen. Tanto la autonomía como la comunicación son funcionales, no ontológicas. ChatGPT no se comunica.

En efecto, como bien dice José Luis Mendívil en su artículo «Un loro estocástico en la habitación china: ¿qué nos enseña ChatGPT sobre la conducta humana?»,[11] ChatGPT es una herramienta de ingeniería sofisticada y útil, pero los modelos masivos de lenguaje no entienden lo que dicen y se basan en calcular las probabilidades que tiene una palabra de aparecer después de otra. El programa valora qué palabra escribir a continuación, teniendo en cuenta todas las ya empleadas. A veces no usa la palabra más probable y eso da sensación de originalidad. Pero ChatGPT no entiende lo que dice ni tiene la menor intención comunicativa.

Y justamente la autonomía, tal como la hemos considerado en la línea de Kant, está ligada al reconocimiento de la *dignidad* de las personas, que es el núcleo de las orientaciones éticas de la Unión Europea. De ahí que sea un deber preservar y potenciar la autonomía y la agencia de las personas, también con el uso de sistemas inteligentes, pero utilizándolos como instrumentos o como colaboradores. Son las personas las que tienen un valor intrínseco y las personas son seres humanos. También la naturaleza ha de ser cuidada porque tiene un valor.

Los sistemas inteligentes pueden resolver problemas y actuar independientemente de los seres humanos, pero no son autónomos. No pueden decidir qué se debe hacer, *qué metas hay que perseguir*, carecen de lo que se ha llamado «libre albedrío». Es posible insertar valores en sus mecanismos para que actúen en un sentido u otro cuando se les planteen dilemas, pero son los seres humanos quienes insertan esos valores en los sistemas inteligentes. De aquí se sigue que son los seres humanos los que tienen dignidad y merecen respeto, pero también que son responsables, porque la responsabilidad exige autonomía, entendida como la capacidad de autodeterminación.

Naturalmente, del reconocimiento de la autonomía de las personas se siguen normas éticas como las siguientes.

Como dijimos, en los ámbitos económico, político y social se está produciendo un proceso de algoritmización en las tomas de decisiones.[12] Existe un reconocido elenco de consejeros y directivos algorítmicos en instituciones, organizaciones y empresas, se coloca un algoritmo frente a determinadas secciones o dentro de ellas. Y, sin embargo, atendiendo al principio de autonomía, no pueden ponerse en manos de máquinas inteligentes decisiones que afectan a la vida de las personas sin supervisión humana, simplemente aplicando un algoritmo, que es una fórmula matemática, a menudo inexplicable incluso para sus creadores, y que suele ser diseñado por encargo por organizaciones distintas a las que lo aplican. Siempre tiene que ser un ser humano quien tome la decisión última y deba dar razón de ella, en caso necesario. Las máquinas carecen de contexto y entorno; se puede ir creando el entorno, pero carecen de sentido común.

No es extraño que el Reglamento General de Protección de Datos de la Unión Europea, que entró en vigor en mayo de 2018, establezca que los ciudadanos europeos no deben ser sometidos a decisiones basadas únicamente en el procesamiento automático de datos, ni a prácticas de contratación digital sin intervención humana.

Por otra parte, la responsabilidad moral no puede atribuirse a la «tecnología autónoma», sino que el control humano es esencial para hablar de responsabilidad moral. Los humanos, y no las computadoras y los algoritmos, han de permanecer en el control y ser moralmente responsables. Por último, el respeto a la dignidad humana exige que un ser humano sepa siempre si está hablando con otro ser humano o con una máquina, no debe recurrirse al engaño. Y no es de extrañar que los trabajadores rechacen que sea una máquina la que les ordene y prefieran a otra persona humana.

Explicabilidad y rendición de cuentas

Ligado al respeto a la autonomía se encuentra el principio de explicabilidad o de trazabilidad, según el cual los afectados tenemos derecho a controlar el uso de nuestros datos y a conocer los algoritmos que los manejan. Porque los seres humanos tienen sesgos, como se ha mostrado hasta la saciedad, pero también los sistemas inteligentes los tienen, aunque son más invisibles que en el caso de los humanos. Entre otras razones, porque los diseñadores introducen los sesgos en los sistemas inteligentes, consciente o inconscientemente. En este sentido, son reveladores los casos que presenta la analista financiera, experta en matemáticas, Cathy O'Neil en su apasionante libro *Armas de destrucción matemática*. O'Neil empezó trabajando en el mundo de las finanzas, pero al percatarse de los perversos efectos de las decisiones que se toman siguiendo los sesgos de los algoritmos, decidió escribir su libro denunciándolos. El problema de los sesgos de los algoritmos es uno de los grandes caballos de batalla en el manejo de la IA. Elegiremos uno de los ejemplos que cuenta O'Neil como botón de muestra. El relato es el siguiente.

En 2007 el alcalde de Washington D. C., Adrian Fenty, quería corregir la situación de las escuelas deficientes de la ciudad. La teoría generalmente aceptada era que los alumnos no aprendían lo suficiente porque los profesores no trabajaban bien. La rectora en centros educativos de primaria y secundaria de Washington, Michelle Rhee, desarrolló una herramienta de evaluación del personal docente, llamada IMPACT, y aplicándola despidió a los profesores que no alcanzaron un determinado nivel. Con la aplicación del algoritmo se trataba de evitar sesgos humanos en la apreciación de los profesores (amistades, subjetivismos) y prestar atención a valoraciones objetivas: las puntuaciones de los alumnos en matemáticas y en lectura.

Entre los profesores despedidos figuraba Sarah Wysocki, una maestra extraordinariamente apreciada por director, padres y alumnos. La puntuación en competencias lingüísticas y matemáticas, que suponía la mitad de la valoración global, fue muy baja. Dolida por la puntuación, preguntó Sarah cómo se había llegado a ella y no encontró respuesta en la consultora Mathematica que elaboró el algoritmo, porque los análisis se subcontrataban a programadores y estadísticos, que dejan que hablen las máquinas. El modelo es una caja negra. El final del relato es agridulce: Sarah fue contratada por una escuela privada, que se sintió feliz de poder contar con ella porque no se había sometido a máquinas para contratar.

Llegados a este punto es interesante comentar que Cathy O'Neil, la autora de *Armas de destrucción matemática*, cuyo subtítulo es *Cómo el big data aumenta la desigualdad y amenaza la democracia*, empezó su carrera laboral trabajando como analista cuantitativa para un destacado fondo de cobertura, pero, con la llegada de la crisis financiera, se percató de que las matemáticas agravaban muchos de los problemas del mundo, y por ello decidió escribir su libro y denunciar las posibles malas consecuencias del uso de algoritmos sin una supervisión humana responsable. Creer que las tecnologías son neutrales es pura ideología.[13]

Y es que, ciertamente, si tomamos en serio el principio de autonomía y el hecho de que los seres humanos son interlocutores válidos cuando se trata de asuntos que les afectan, los afectados por el mundo digital tienen que poder comprenderlo; tienen que conocer la trazabilidad de los algoritmos que afectan a sus vidas: quién los construye, con qué sesgos, con qué objetivos. Teniendo en cuenta que en un mundo global digitalizado los afectados somos a menudo todos los seres humanos, el imperativo de la explicabilidad es verdaderamente exigente. Las decisiones que toma un algoritmo pueden afectar a cientos de miles de personas. Y la tarea es bien compleja, porque con la IA generativa se refuerza la existencia de una caja negra que hace incomprensible el funcionamiento del sistema incluso para sus creadores.

Pero, además, la supervisión humana se hace necesaria por razones de eficiencia, como es palmario en el caso de Sarah Wysocki. Por eso a la hora de seleccionar al personal en una empresa, decidir quién es el candidato idóneo para recibir un crédito, tomar decisiones sobre quién ocupa puestos de responsabilidad, es decir, tomar decisiones sobre cuanto afecta a personas concretas, es indispensable la supervisión de personas, que deben estar dispuestas a dar cuenta de sus decisiones.

No dañar

En cuanto al principio ético clásico de «no dañar», que muchos bioeticistas consideran prioritario en la toma de decisiones, recuerda que no se debe todo lo que se puede. Y, ciertamente, es muy difícil obedecer a este principio teniendo en cuenta que, en un mundo en competencia, otras empresas sí que van a comercializar el producto, a poner en marcha la innovación, y no sólo otras empresas, sino países que son más laxos que otros y no se preocupan en exceso de no dañar.

En cualquier caso, la obligación de respetar a los seres humanos ordena evitar los daños posibles, protegiendo a las personas mediante los que se han llamado «derechos digitales», que algunos autores consideran como derechos humanos de cuarta generación, incluso se habla de una Constitución digital. De hecho, el

23 de enero de 2023 se publica la Declaración Europea sobre los Derechos y Principios Digitales para la Década Digital, y el 24 de julio de 2021 se publica la Carta de Derechos Digitales, propiciada por el Gobierno de España en el contexto del Plan de Recuperación, Transformación y Resiliencia.

El objetivo es construir una ciudadanía digital de pleno derecho, lo cual exige hacer frente a retos como la ciberseguridad, la protección de datos personales, la privacidad de los usuarios en entornos digitales, la accesibilidad, la propiedad y la gestión de los datos o la mejora de las capacidades digitales, la protección de la integridad personal (intimidad), el derecho a la propia imagen y honra, a estar a salvo de contenidos nocivos (discursos de odio, ciberacoso) y del mal uso de los datos obtenidos, que no pueden utilizarse sin consentimiento de la persona y para fines distintos a los que justifican su obtención. Es sabido que cada día millones de personas entregan sus datos de forma gratuita y continua. Contando con la huella digital de los clientes, se puede particularizar la oferta de servicios y minimizar riesgos. Pero en cualquiera de los casos proteger los derechos digitales de las personas es imprescindible y realmente difícil.

Y también en este capítulo entra el inmenso apartado de evitar sesgos insertos en los algoritmos, que pueden proceder de los sesgos de los mismos programadores, pero también del sistema inteligente que ha creado un nuevo contenido.

Promover un mundo justo: ¿un cambio de época?

Por último, aunque no en último lugar, sino desde el comienzo, el principio de justicia exige distribuir equitativamente los beneficios de las nuevas tecnologías, porque todos son afectados, generando un mundo inclusivo, con igualdad de oportunidades frente a oligopolios digitales, igual acceso a las tecnologías, a la imparcialidad en la red, la equidad y la solidaridad. El desigual acceso es injusto en sí mismo y, además, socava la cohesión social.

Sin embargo, no podemos dejar de ocuparnos del reto más acuciante que la revolución 4.0 plantea a las empresas, al poder político y a la ciudadanía: hacer frente a su impacto en el mundo laboral. Ante la transformación digital en el mundo laboral es necesario recordar que los derechos sociales pertenecen al ADN de la Unión Europea. Proteger esos derechos exige mejorar las competencias digitales de la ciudadanía, de modo que pueda ocupar empleos que hoy en día quedan fuera de su alcance. Superar la brecha digital es de justicia, promoviendo la competencia digital de quienes así lo deseen para ser ciudadanos digitales de este nuevo mundo. Pero con esto no se resuelve un problema que puede generar un auténtico cambio de época: la nueva situación, todavía muy incierta, del mercado laboral.

La IA afecta al consumo de bienes y servicios, pero también al mercado de trabajo y a la generación de riqueza. La IA puede ser tanto fuerza productiva como fuerza de trabajo, puede aumentar la productividad y reducir los costes de trabajo, pero la distribución de los puestos no será equitativa.[14] Es previsible que el valor se concentre en las grandes empresas tecnológicas, de modo que los beneficios se situarían en regiones de alta tecnología y los perjuicios, en las zonas en que se consuma la tecnología.[15]

Cabría entonces hablar de dos fases. En la primera, los trabajadores de la economía del conocimiento podrían mejorar la productividad, se reduciría el tamaño de las empresas y aumentaría el beneficio. En la segunda, podría mejorar la productividad y se podrían sustituir los trabajadores por herramientas. Los medios de producción desplazarían a la fuerza de trabajo, porque los puestos de trabajo automatizados los asumirían empresas que trabajan en

IA. En tal caso, se produciría una destrucción masiva de puestos de trabajo.[16]

Por otra parte, los empleos caminan hacia la polarización, se pierden empleos que requieren una competencia media y aumentan los de alta calidad y los de calidad más baja, es decir, los que requieren empatía por su proximidad a las gentes. También es cierto que no parece que vaya a poder sustituirse por robots la actividad completa de una profesión, sino sólo parcelas de esa actividad, porque la IA es especializada, muy adecuada para tareas concretas, aunque sean de amplio espectro, pero no es una inteligencia general, como la de los humanos.

En cualquier caso, ¿cómo organizar nuestras sociedades de modo que los derechos económicos, sociales y culturales de las personas queden protegidos? Se están proponiendo distintas medidas, como las siguientes: introducir una renta básica de ciudadanía, recurrir a una predistribución, de modo que cada robot de una flota de vehículos autónomos pertenezca en parte a cada miembro de la comunidad (como ocurre en lugares como Alaska o Noruega con los recursos naturales). También los robots podrían pagar impuestos, porque cabe suponer que pertenecen al capital, y no a la fuerza de trabajo, teniendo en cuenta, por si faltara poco, que también una reivindicación tan justa como la de las pensiones depende del trabajo, sea de autóctonos o de inmigrantes.

Pero, con todo, es urgente pensar cómo organizar el mercado laboral en el nivel mundial de modo que las personas puedan vivir dignamente y participar en la creación de riqueza de su sociedad en algún nivel. En algún momento del siglo pasado se lanzaron propuestas en este sentido. Luis Racionero habló del tránsito del paro al ocio,[17] y autores como Guy Aznar diseñaron propuestas muy elaboradas de trabajar menos para trabajar todos.[18] Tomar en serio la reorganización del tiempo de trabajo y de ocio —porque el trabajo no es sólo un medio de vida, sino también de identificación social, y una forma de cooperar en la mejora de la sociedad a la que se pertenece, además de un arma para las reivindicaciones— es urgente si no queremos caer en una flagrante injusticia.[19]

Capítulo 5

ÉTICA ROBÓTICA

He pasado estos dos últimos días en concentrada reflexión —dijo Cutie— y los resultados han sido de lo más interesante. Empecé por un seguro aserto que consideré que podía permitirme hacer. Yo, por mi parte, existo, porque pienso...

Isaac Asimov[1]

1. LA ROBÓTICA Y LA CUARTA REVOLUCIÓN INDUSTRIAL

La robótica nació a mediados del siglo pasado, no de la nada, evidentemente, sino con antecedentes como los «sirvientes de oro», creados por Hefesto, el dios del fuego, de la forja, de los artesanos y de la tecnología, según cuenta Homero en la *Ilíada*, o el caballero mecánico que Leonardo da Vinci concibió hacia 1495. En la literatura moderna menudean los relatos en los que los robots gozan de protagonismo, y abundan en el mundo del cine y la televisión, con hitos tan conocidos como *Metrópolis* (1927), *Star Wars* (1977), *Blade Runner* (1982) —basada parcialmente en la novela de Philip K. Dick con un título tan sugerente como *¿Sueñan los androides con ovejas eléctricas?* (1968)—, *Terminator* (1984), *AI* (2001), o *Yo, robot* (2001).

Como es sabido, fue Karel Capek quien utilizó el término

«robot» en una obra teatral de ciencia ficción, escrita en 1920 y estrenada en Praga en 1921, *R.U.R. (Robots Universales Rossum)*, el nombre de la compañía que fabrica unos seres artificiales para descargar de trabajo a los humanos. La palabra había sido ideada por su hermano Josef a partir del término checo *robota*, que significa «trabajo».

Y es que, en efecto, en principio, los robots se conciben para llevar a cabo trabajos duros, de ayuda, hasta el punto de que en inglés se asigna a sus tareas las tres «d»: *dull* (aburrida), *dirty* (sucia) y *dangerous* (peligrosa). Los robots hacen montajes, llevan a cabo labores domésticas monótonas, los vehículos militares inspeccionan terrenos peligrosos. Y, además, sin fatiga, sin queja, sin reclamar aumento de salario, tiempo libre ni posibilidades de conciliación familiar. Como encarnación de la IA, son más apropiados para tareas que exigen el procesamiento de la información y la acción.[2] Los robots están entonces al servicio de las personas y las entidades, pero cada vez más funcionan de una forma que se denomina usualmente «autónoma», en otras ocasiones, «semiautónoma» o, como venimos haciendo en este libro, con la consabida justificación, de una manera «funcionalmente autónoma».

Es indudable que nuestro mundo está ya habitado por una gran cantidad de robots en campos como la industria, la agricultura y el ámbito forestal, en la construcción y la minería, ayudando en situaciones de catástrofe, en trabajos y servicios, en la milicia y la seguridad, en la movilidad, el ámbito doméstico, en la investigación y la educación, en el entretenimiento, la medicina y la atención sanitaria, en el cuidado personal y la compañía, en el medio ambiente o el pronóstico del tiempo y las cosechas, en las profundidades marinas y en el espacio. Hay robots androides y ginoides, robots que reconocen emociones, sistemas múltiples y sistemas autónomos. Como se echa de ver, forman parte de nuestra vida en prácticamente todos los ámbitos sociales y es una tendencia que no hará sino incrementarse.

Precisamente, dominar la Cuarta Revolución Industrial fue el tema de la reunión anual del Foro Económico de Davos de 2016. Klaus Schwab, fundador y presidente ejecutivo del Foro Económico Mundial, publicó el libro *La Cuarta Revolución Industrial* en 2016. Y, al parecer, la quinta revolución se presenta como la de los cobots o robots colaborativos.

En este contexto no es extraño que haya nacido una nueva ciencia: la robótica, que se presenta como una rama de la ingeniería. La robótica trata con los robots, de los que se dice que son máquinas autónomas, aunque el término, «autonomía», atribuido hasta ahora a los seres humanos, necesite aclaración, y de ello nos ocuparemos más adelante. Por el momento continuaremos diciendo que, según se dice, la robótica supone una nueva Revolución Industrial, porque en ella la máquina progresa desde ser un instrumento hasta poder tener una mente propia. Por esta razón temas tradicionales de la filosofía, como la autonomía, la autoconciencia, las emociones, la voluntad libre, la persona o la inteligencia autónoma, pasan también a ser objeto de la robótica como una parte de la práctica de la ingeniería.[3] Como es obvio y está sucediendo en todos los temas tratados en el presente libro, la interdisciplinariedad forma parte ineludible de esta nueva ciencia y la filosofía cobra un papel muy relevante en ella.

Avanzando en estas cuestiones, la primera pregunta que se plantea es muy básica: ¿qué es un robot? La respuesta es todo menos unívoca, porque con ese término se alude a una serie de ingenios, que comprenden desde androides y otras formas de IA con aspecto humanoide, dedicados a infinidad de tareas, hasta máquinas que hacen tareas domésticas. Resulta difícil precisar qué es un robot, porque hay una variedad de opiniones, entre las que podemos espigar las siguientes al menos:[4]

1. Son sólo máquinas.
2. Son máquinas simbólicas, diseñadas por los seres humanos para aumentar su bienestar. Por eso los humanoides desarrollarán muchas actividades para incrementar la calidad de la vida y de la intersubjetividad humana.[5]
3. Los robots son agentes morales artificiales porque toman decisiones éticas, pero también pueden considerarse como pacientes morales, es decir, tienen que ser tratados éticamente.[6] Sucede con ellos como con los animales, que no pueden ser agentes morales, pero sí deben ser cuidados.
4. Los robots darán lugar a una nueva especie, mejor que la del *Homo sapiens*, porque en el futuro no sólo tendrán autonomía, conciencia, emociones y voluntad libre, sino que también excederán a los humanos en las capacidades morales e intelectuales. No sólo serán mejores que nosotros, sino que nosotros seremos mejores por haberlos creado, como ya hemos mencionado con Storrs Hall.[7] Como hemos observado, la aspiración a hacer de los seres humanos sólo un peldaño en el progreso de las especies late en el corazón de muchas de las realizaciones de la IA.

Entre este cúmulo de opiniones, de las que es conveniente dejar constancia, sería bueno buscar en principio una definición neutral, sobre la que exista un cierto consenso, como la *definición operativa* que ofrece Bekey: «Un robot es una máquina situada en el mundo, que piensa, siente y actúa».[8]

Un robot no es una simple computadora, sino que ha de tener sensores para conectar con el mundo circundante, pero, evidentemente, cada una de estas actuaciones precisa una aclaración.

En primer lugar, está situado en el mundo, es un robot físico, no un *software* de un ordenador ni un *software* bot. Ni tiene por qué ser electromecánico, puede ser biológico. No son robots las máquinas controladas completamente, porque no «piensan por sí mismas», como es el caso de los juguetes. Un robot ha de tener un cierto grado de autonomía, ha de poder actuar sobre el medio. Por tanto, no son robots las minas enterradas, las calculadoras, las cafeteras.

Que «piensa» quiere decir también que es capaz de procesar información a partir de los sensores y de otras fuentes, como pueden ser un conjunto de reglas, sean programadas o aprendidas, y es capaz de tomar decisiones autónomamente. Se define aquí la autonomía como «la capacidad de operar en el entorno del mundo real sin ninguna forma de control externo, una vez que la máquina es activada y, al menos, en algunas áreas de operación, por extensos periodos de tiempo».[9] Hay robots parcialmente controlados.

A mi juicio, identificar «pensar» con procesar información obtenida desde distintas fuentes es un antropomorfismo inaceptable, porque el pensamiento del que tenemos noticia, que es el humano, va mucho más allá de procesar información. Y lo mismo sucede con la pretensión de atribuir autonomía al robot, aunque se entienda en el sentido que acabamos de mencionar, siguiendo a Bekey. Realmente, la autonomía de la que tenemos noticia, que es la humana, va mucho más allá de limitarse a actuar sin control externo, exige poder actuar desde una opción elegida internamente. Una discusión completa de lo que significa ser un robot incluye otras complicaciones técnicas y filosóficas, como complejidad, impredictibilidad, determinismo, responsabilidad y voluntad libre.

De ello hablaremos más adelante; por ahora, podemos recordar que máquinas totalmente conducidas de forma remota, o teleconducidas, pueden ser peligrosas y se hace necesario defenderse de ellas. ¿Es así? ¿Qué significan las funciones que hemos mencionado en el caso de los robots?

2. LOS DESAFÍOS ÉTICOS DE LA ROBÓTICA

La aparición de los robots ha despertado un mundo de temores de muy diferente calado. Por una parte, el hecho de que se hayan escrito tantas leyendas sobre ellos y sean personajes frecuentes de películas en que aparecen como máquinas amenazantes, desde el famoso Golem de Praga hasta nuestros días, ha alimentado el mito de que en el futuro nos destruirán. Es bien curioso que se emplee la figura del Golem de Praga para atemorizar, cuando, según la tradición hebrea, era más bien un personaje corpulento, pero de escasa inteligencia. En cualquier caso, el futuro es un cajón de sastre en que cada quien mete sus miedos o sus sueños y, en el tema que nos ocupa, como en el de los pronósticos transhumanistas, importa averiguar si existe una base científica para ello o si no es así. Algunos autores consideran que estos temores son infundados, porque por ahora los robots no son autoconscientes ni lo serán en un futuro previsible: los robots —se dice— nunca serán *Homo sapiens*,[10] mucho menos excederán al *Homo sapiens*. Otros autores, por el contrario, afirman que los robots llegarán a ser personas con toda suerte de derechos, lo cual, hoy por hoy, carece de base.

Sin embargo, otros temores tienen mayor fundamento y es preciso hacerles frente con soluciones adecuadas para poder aprovechar con confianza y con la mayor seguridad posible los grandes beneficios que se pueden seguir de continuar potenciando la robótica.[11]

En principio, y como es obvio, el miedo a una drástica reducción de puestos de trabajo, que ya ha comenzado. Un primer problema ético es, por tanto, el de la incidencia en el mercado laboral, que es preciso abordar tanto en el presente como con vistas al futuro. Esto obliga a repensar el futuro del trabajo de modo que se respeten los derechos humanos: convendría fijar impuestos a las empresas que hagan uso de robots y suplan de ese modo trabajo humano, de forma que la riqueza generada se distribuya justamente; situar en los puestos de responsabilidad, en los que haya que tomar decisiones importantes, a personas capaces de tomarlas, no a robots, personas que puedan hacerse responsables de esas decisiones; mostrar a quienes trabajan en las empresas que los puestos de responsabilidad son ocupados por seres humanos.

Por otra parte, si humanos y robots tienen que colaborar en un buen número de tareas, es necesario organizar bien el trabajo colaborativo con los cobots o robots colaborativos, sustituir sólo los trabajos repetitivos y situar a los trabajadores en los lugares en que se deben tomar decisiones.

Un tercer peligro es el de deshumanizar el trabajo, al reducir las relaciones humanas y fomentar la relación con los robots, que siempre resulta más cómoda.

Y en una línea semejante, en el ámbito de la salud y en el social es necesario evitar dependencias que generen más tarde frustraciones, sobre todo en el caso de los robots humanoides y los robots socialmente interactivos, a los que las personas pueden coger un gran afecto. El caso de Robbie, el robot protagonista del primer relato de *Yo, robot*, es ya un clásico. Pero también los robots sexuales o los dedicados al cuidado de ancianos pueden generar dependencias difíciles de superar justamente en personas vulnerables y sumamente sensibles. Por su parte, los robots mascota pueden llevar a cabo una buena tarea para paliar la soledad no deseada en el caso de gentes que, por sus limitaciones, no pudieran atender a mascotas animales.

Naturalmente, un capítulo aparte merecen los robots militares, llamados a sustituir a los soldados para ahorrar muertes humanas, pero que pueden plantear una cantidad ingente de problemas.

Hacer frente a cuestiones como éstas y a muchas otras es la

razón por la que nació un nuevo saber, que ha recibido el nombre de «roboética» o «ética robótica».

3. LA NECESIDAD DE UNA ÉTICA PARA LAS MÁQUINAS

En 1927, la película muda de Fritz Lang *Metrópolis* presentaba un robot amenazante y peligroso, con la figura de una mujer perversa, y no cabe duda de que representaciones artísticas de este tipo han fomentado la imagen de robots construidos para dañar a los seres humanos. Como hemos comentado desde el principio, la idea de que es necesario introducir en las «mentes» de los robots normas éticas que los lleven a actuar de forma que coincidan con los intereses de los seres humanos va estando presente al menos desde 1942, con las leyes de Asimov.

Evidentemente, las leyes robóticas de Asimov hubieran planteado una gran cantidad de problemas a los robots para actuar éticamente en los casos concretos, porque entran en contradicción a menudo. Pero, en cualquier caso, se abría con ellas la posibilidad y la necesidad de una ética de los robots. Por si faltara poco, en 1979 se produjo la primera desgracia causada realmente por un robot, y no en las novelas de ciencia ficción, cuando una máquina golpeó con un brazo al trabajador Robert Williams en la cadena de montaje, un golpe que le causó la muerte. La necesidad de una ética de las máquinas se hace cada vez más acuciante, y es en 1991 cuando James Gips compara diferentes teorías éticas para incorporarlas en los robots en el texto «Towards the Ethical Robot». Y en 2000, Storrs Hall, a quien hemos citado con frecuencia, introduce la expresión *machine ethics* en «Ethics for Machines». En 2005, la European Robotics Research Network (Euron) funda el proyecto

Euron Roboethics Atelier y en 2006 elabora el mapa de ruta de Euron Roboethics.

Haciendo un poco de historia, el primer robot que «toma decisiones y actúa siguiendo un principio ético» es Nao, programado por Anderson y Anderson (2010) y manufacturado por Aldebaran, aunque ya en 2004 Anderson y Anderson habían propuesto programar principios éticos en robots en «Towards Machine Ethics».[12] A partir de entonces, las propuestas de ética robótica aumentan exponencialmente, pero para llegar hasta este punto se hizo necesario recorrer una larga historia que, esquemáticamente, sería la siguiente:[13]

- 1495. Leonardo da Vinci diseña uno de los primeros robots humanoides.
- 1921. Karel Capek introduce la palabra «robot» y el concepto de «rebelión de los robots» en *R.U.R. (Robots Universales Rossum).*
- 1927. El hombre máquina es instruido para dañar a los humanos en la película muda de Fritz Lang *Metrópolis.* En realidad, tiene forma de mujer malvada, cuya apariencia es la de una mujer buena, María.
- 1942. Isaac Asimov expone las tres leyes de la robótica en *Yo, robot.*
- 1968. En *2001: una odisea del Espacio*, de Stanley Kubrick, el computador HAL se vuelve contra los humanos.
- 1979. Robert Williams es la primera persona asesinada por un robot, que le golpeó con un brazo en la cadena de montaje.
- 1991. James Gips compara diferentes teorías éticas para aplicarlas a los robots en el texto «Towards the Ethical Robot».
- 1993. Roger Clarke critica las leyes de Asimov.

- 2000. Storrs Hall introduce la expresión *machine ethics* en «Ethics for Machines».
- 2004. Anderson y Anderson proponen programar principios éticos en robots en «Towards Machine Ethics».
- 2010. Nao es el primer robot cuya conducta está guiada por un principio ético.

Esta necesidad de crear máquinas con la habilidad de «tomar decisiones morales» ha ido creciendo conforme han ido ganando capacidad de agencia, en el sentido de actuar sin supervisión. Como dice Rosalind Picard,[14] «cuanta mayor libertad tenga una máquina, más necesitará estándares morales». Evidentemente, hablar de libertad y decisiones morales refiriéndose a máquinas necesita aclaraciones para no caer en antropomorfismos.

4. ¿ROBOÉTICA, ÉTICA DE LAS MÁQUINAS O ÉTICA DE AGENTES ARTIFICIALES AUTÓNOMOS?

Si puede decirse que la robótica nació a mediados del siglo xx, porque fue Asimov quien acuñó el término en 1942, la «ética robótica» o «roboética» nace en la década del 2000 y al parecer es Gianmarco Veruggio quien utiliza el vocablo por primera vez en 2002.[15]

Sin embargo, es preciso aclarar el significado del término, porque Veruggio se refería con él a la ética que inspira a los profesionales de la robótica y que sería, por tanto, una ética aplicada al tratamiento de los robots,[16] pero la ética referida a los robots se despliega también en otros dos niveles además del de la ética profesional.

Ocurre algo semejante a lo que sucede con el vocablo «neuroética», que tiene dos significados al menos: la ética de la neurociencia, es decir, la ética que se debe tener en cuenta en la investigación en neurociencias y en la aplicación de los resultados de las investigaciones al tratamiento de las personas y los animales, y la neurociencia de la ética, que se ocupa de las bases neuronales de la conducta moral y no es entonces una ética aplicada, sino que forma parte de una ética fundamental, preocupada por las bases y el fundamento de lo moral. Las bases son aquellos requisitos sin los cuales un ser no puede desarrollar una vida moral, como es el caso de tener un cerebro humano, conciencia, autoconciencia, intencionalidad, libertad. El fundamento pertenece al ámbito de lo que debe ser, de las razones por las que ese ser, dotado de esas características, *debe* actuar de un modo u otro, y no sólo por conveniencia, sino por razones que se llaman «morales».[17]

De un modo análogo, en el caso de la ética referida a los robots se puede hablar de tres niveles distintos: la roboética o ética profesional de los roboticistas, que acabamos de mencionar; la ética de los robots; y la ética de agentes morales artificiales de los que se dice que son perfectamente autónomos.[18] Comentaremos brevemente estos tres niveles.

1) La *roboética* o *ética profesional de los roboticistas* es una ética aplicada, es la ética con que los seres humanos deben gestionar el uso de los robots, por ejemplo, de modo que se respete la dignidad humana, se reduzcan las desigualdades y se protejan los derechos de los más débiles. Aborda las cuestiones éticas que se plantean en la gestión de los robots y es, obviamente, interdisciplinar, porque necesita el concurso de diversas materias, como filosofía moral, sociología, antropología, psicología, derecho, religiones, ética computacional o bioética. Como bien se ha dicho, «es una ética de los productores de los robots, no de los robots mismos».[19]

Y no sólo se dirige a los productores, sino a toda la cadena de implicados en el manejo de los robots: también a las empresas comercializadoras y a los usuarios.

Aunque resulta difícil diseñar una roboética, dado el universo multicultural en el que vivimos, los principios a los que nos hemos referido para construir una IA confiable serían muy adecuados para una ética profesional de los roboeticistas, es decir, para esta roboética que debe ser seguida por seres humanos. Los principios de beneficiar a los seres humanos, respetar a los seres autónomos, no dañarlos ni dañar a la naturaleza, hacer patente la trazabilidad de los productos, intentar explicar los procesos de su funcionamiento, apostar por la transparencia y la justicia son esenciales y afectan a los investigadores, los productores y los usuarios de los robots.

En 2004 se celebró el Primer Congreso Internacional de Roboética, en que los roboeticistas decidieron trabajar con especialistas en humanidades y crear una conciencia transcultural sobre cuestiones éticas, propiciando un marco general para la robótica, una ética profesional para los roboeticistas, y estándares técnicos y reguladores para el mercado de productos robóticos.[20]

En este punto se abre una interesante polémica entre quienes consideran que una roboética es necesaria en cualquier caso y quienes piensan que es solamente un paso previo al desarrollo de un derecho de los robots. Entenderían estos autores que las innovaciones siempre preceden a la regulación jurídica necesaria para aprovecharlas con seguridad y por eso las orientaciones éticas son muy convenientes mientras no hayan llegado a establecerse las regulaciones legales. Pero sería sólo un periodo de espera mientras no se llegue a crear un derecho de los robots.[21] ¿Cuál sería la ventaja? Con esta pregunta regresamos a la distinción entre ética y derecho, que ha arrojado ríos de tinta a lo largo de la historia, pero acaba concentrándose en un punto muy determinado: las normas jurídicas vienen acompañadas de la capacidad de coaccionar que compete al Estado, cosa que no sucede con las normas éticas, que no pueden imponerse coactivamente.

Y eso es verdad. Las normas éticas no pueden imponerse con la fuerza coactiva del Estado, pero la única fuente de motivación para cumplir normas no es la sanción estatal, sino que existen otras, como el compromiso de cumplir los códigos éticos de la profesión, los acuerdos tomados en las distintas instancias nacionales e internacionales con las que se tiene un sentido de pertenencia, la convicción que surge de compartir unos valores que es preciso respetar y que son comunes a nuestra cultura, y van construyendo una ética transnacional, que puede ir convirtiéndose en cosmopolita.

Ésta es una de las exigencias para construir una sociedad cosmopolita, porque el derecho no tiene fuerza coactiva en el orden mundial, la capacidad coactiva tiene su límite en los Estados nacionales. El mismo derecho internacional tiene una capacidad para obligar muy limitada. Contar con las exigencias morales de distintas culturas y de distintas religiones se hace necesario.

2) La *ética de las máquinas*, por su parte, es la dimensión de la ética de la IA que se ocupa del comportamiento moral de los seres con IA, entre ellos, los robots.[22] Una *ética de los robots* consistiría entonces en algún código moral incorporado en los robots mismos. Según el grado de autonomía del robot variaría el código sobre lo que debe hacer, de modo que los humanos pueden juzgar si el robot ha actuado según el código o si lo ha violado por algún fallo de lectura, por una falta de previsión en las condiciones de uso o por un programa inadecuado. Evidentemente, el robot es inconsciente del fallo.

Como hemos comentado, el primer robot cuya conducta ha estado guiada por principios éticos es Nao, programado por Michael Anderson y Susan Leigh Anderson en 2010.[23] Nao es un robot asistencial que trabaja en una residencia de ancianos y tiene

por tarea recordar a los pacientes la hora a la que tienen que tomar su medicina. Pero, para hacerlo con éxito, Nao tiene que
actuar con mucho cuidado: debe evitar insistir en exceso cuando
el anciano se niega a tomar el medicamento; a la vez, evitar que
deje de tomarlo, pero también, al mismo tiempo, respetar la autonomía del paciente. De ahí que Anderson y Anderson dotaran a
Nao de un principio ético que le permitiría determinar con qué
frecuencia había de recordar a un paciente que debía tomar la
medicación. Nao era capaz de elegir entre unas pocas opciones:
recordar al paciente tomar la medicina y cuándo hacerlo, o aceptar su decisión de no tomarla, en cuyo caso debía dar cuenta al
supervisor. «Por lo que sabemos —afirman los Anderson triun-
fantes—, es el primer robot que se apoya en un principio ético
para determinar sus acciones.»

Evidentemente, la labor de Nao es muy sencilla y los dilemas
a los que se enfrenta son pocos, pero existen robots muy comple-
jos, cada vez más; entonces, el problema central de la roboética
consiste en determinar qué principios morales se deben integrar
en los robots, habida cuenta de que hay diversidad de teorías
éticas y diversidad de culturas morales.

En lo que hace a las teorías éticas, cabe pensar en modelos
construidos *de arriba abajo*, como es el caso de los deontológicos,
es decir, los códigos de normas, como el de Asimov,[24] o los utilitaristas, que toman como criterio para la buena conducta «el mayor bien del mayor número»; o bien en modelos construidos *de
abajo arriba*, como la ética de las virtudes, que se basan en la con-
formación del carácter, atendiendo a la situación y al tiempo; o
en modelos híbridos, que diseñan un marco ético y, dentro de él,
tratan de llegar a principios éticos partiendo de la experiencia en
el entorno de los robots.[25] Teniendo en cuenta que la IA es únicamente especial, es éste un procedimiento muy adecuado para
cada uno de los ámbitos concretos de acción. Y también importa

responder a la pregunta: ¿quién será responsable de los actos de los robots, dependiendo de su autonomía? De estos puntos trataremos en el próximo capítulo.

3) La *ética de agentes morales artificiales perfectamente autónomos* se referiría a la capacidad autoconsciente de los robots de hacer razonamientos éticos a partir de su propio código moral, de entender sus elecciones y responsabilidades desde la perspectiva de la primera persona y de seguir libremente sus cursos de acción. Se trataría entonces de agentes morales plenos, responsables de sus actos, porque elegirían su moralidad por sí mismos, estarían dotados de autoconciencia, elección racional y libertad.[26]

Pero lo bien cierto es que este tercer significado de roboética no tiene referente hoy por hoy porque «la creación de agentes morales artificiales plenamente autónomos todavía está lejos, si es que alguna vez es posible».[27] Mientras tanto los roboeticistas han de trabajar en los dos primeros ámbitos, que forman ya parte de la vida cotidiana. ¿Qué ética se debería introducir en las máquinas?

Capítulo 6

¿QUÉ ÉTICA PARA LAS MÁQUINAS INTELIGENTES?

---

1. EL EXPERIMENTO DE LOS COCHES AUTÓNOMOS

En un interesante artículo de 2018 la revista *Nature* recogía opiniones de dos millones de personas, enfrentadas a diversos dilemas relacionados con los llamados «coches autónomos».[1] Si en una situación en la que sólo caben dos alternativas, un coche no tuviera más remedio que matar a algún ser vivo, ¿a cuál debería sacrificar?, ¿a un animal o a un ser humano, a los ocupantes del vehículo o a los viandantes, a una persona joven o a una anciana?

Es éste un tipo de dilema que, aunque en un contexto distinto, planteó ya Philippa Foot en 1967 y que se ha reproducido en múltiples versiones, hasta el punto de recibir el nombre de «dilema del tranvía». Diana viaja en un tranvía que circula sin control y se dirige hacia cinco excursionistas que caminan por la vía, a los que va a atropellar sin remedio. Diana puede desviar el tranvía accionando una palanca, pero entonces arrollará a un operario, que está trabajando en una vía lateral. ¿Qué debe hacer? La respuesta no es sencilla, porque cabe pensar que cinco vidas valen más que una, pero también que Diana debe dejar el tranvía en manos de la suerte, porque toda vida es sagrada y ella no tiene por qué responsabilizarse de una muerte; o también que el pobre operario está en su trabajo, mientras que los excursionistas podían llevar más cuidado.[2] En cualquier caso, la pregunta urgente es, sin duda: ¿hay alguna diferencia entre el coche autónomo y Diana? La hay, y es prácticamente infinita.

Diana es un ser humano, y, por tanto, tiene una inteligencia general, ligada a un cuerpo, que la lleva a vivir en conexión con un entorno natural y social, es sensible a valores y necesidades humanas, ha acumulado experiencias a lo largo de su vida. Tiene *sentido común*. El vehículo, por el contrario, está ya programado para «tomar decisiones», aunque puedan resultar impredecibles al contar con el aprendizaje de máquinas y, por supuesto, con la IA generativa. Pero, sobre todo, su inteligencia es particular, y no general. Por eso, y a pesar de que haya hecho fortuna la expresión «vehículo autónomo», no lo es en el pleno sentido de la palabra, aunque pueda actuar con independencia de terceros.

A lo sumo, y sobre esto existe un amplio consenso, tendrá *autonomía funcional*, actuará como si fuera autónomo, pero no contará con *autonomía ontológica y ética*. Y esta distinción es de la mayor trascendencia, entre otras razones, porque el coche no es *responsable* de las actuaciones, y por eso importa construirlo con pautas que respeten los códigos éticos valiosos. Esta sola afirmación abre todo un mundo de cuestiones: ¿puede decirse que el sistema inteligente es un agente moral?, ¿qué códigos deberían insertarse en su «cerebro»?

El artículo de *Nature* fue el origen de una plataforma *online*, Moral Machine, desarrollada por el Scalable Cooperation Group, dirigido por el profesor del Instituto de Tecnología de Massachusetts (MIT) Iyad Rahwan, que genera dilemas morales y recoge información sobre las decisiones que la gente toma ante ellos. La IA desempeña un papel importante en la tecnología de la conducción autónoma y los proyectos como Moral Machine se proponen ayudar a encontrar soluciones para decisiones que desafían problemas de vida y muerte en relación con vehículos que se *autoconducen*, como coches, aviones, trenes, metros, pero también máquinas bélicas. Y ésta es una industria que no hará sino crecer.

La plataforma recoge información sobre las preferencias de las personas, pero también de distintas culturas y zonas geográficas con el fin de ayudar a quienes toman las decisiones cuando diseñan sistemas automotores. Los diseñadores intentan asegurarse de que los vehículos resuelvan los problemas alineándose con los valores de la gente del entorno, porque recogiendo valores de todo el mundo pueden conocer modelos axiológicos de culturas y comunidades diferentes. ¿Significa eso que estos valores son los mejores valores morales o que son los que mejor cuadran con las culturas del entorno?

A mi juicio, de la constatación de lo que prefiere el mayor número de encuestados no se sigue que eso sea lo éticamente correcto. Desgraciadamente, éste es un error que se comete a menudo en relación con las encuestas y su capacidad para decidir a partir de ellas lo que se debe hacer. Lo que opina la mayoría es sencillamente lo que opina la mayoría, tomarle el pulso ayuda a saber en qué mundo vivimos, pero no a averiguar qué es lo más valioso ni, por tanto, qué debemos hacer.

En este punto el experimento de *Nature* trataba de averiguar qué acogida iban a tener las normas que pudieran proponerse, y, obviamente, se encontraron con que las valoraciones personales eran bien diversas, pero también que lo son las sensibilidades culturales, teniendo en cuenta diferentes parámetros. La pregunta es entonces qué hacer, ¿qué ética puede pensarse para un mundo digital como el nuestro, que es personal y culturalmente diverso desde el punto de vista de los valores morales?

Decía Apel hace ya más de medio siglo que las consecuencias de la ciencia y de la técnica habían alcanzado un nivel planetario y que, por tanto, asumirlas con bien reclamaba una ética universal; no en los contenidos de lo que debe ser una vida feliz, pero sí en exigencias de justicia que deberían ser satisfechas en todo el planeta.[3] Y si ya entonces Apel llevaba razón, el tiempo no ha hecho sino reforzar su propuesta, porque la era de la IA reclama orientaciones éticas comunes sobre el modo de habérselas con ella en materia de justicia.[4] Las opciones por un modelo u otro de vida feliz son personales, pero las exigencias de justicia reclaman acuerdos intersubjetivos, no son una cuestión meramente subjetiva.

2. RAZONES PARA INTEGRAR UNA ÉTICA EN LAS MÁQUINAS

La ética de las máquinas se ha convertido ya en un campo de investigación que estudia la creación de «máquinas éticas». Por «máquina», en sentido amplio, podemos entender máquinas físicas ordinarias, robots autónomos y sistemas algorítmicos.[5] En principio, la razón más poderosa para integrar una ética en los sistemas inteligentes fue el deseo de que no dañen a los seres humanos. Esto podría ocurrir por un fallo de fabricación o un accidente, pero si los sistemas inteligentes han de «tomar decisiones» en situaciones concretas sin ser operados por sus creadores de forma directa, es importante que actúen sin dañar a los seres humanos o que hagan la elección más correcta posible desde el punto de vista ético, sabiendo que el término «elección» es en este caso un antropomorfismo.[6]

Cada vez los sistemas inteligentes están siendo más «autónomos», en el sentido de no ser operados externamente, y van a tener que «decidir» en las situaciones concretas sin la ayuda de sus constructores. Los coches autónomos, los sistemas militares, los robots sexuales[7] o los cuidadores en geriátricos,[8] entre muchos otros sistemas artificiales, «toman decisiones» que han de ser éticas si queremos evitar daños. Se trata, pues, de construir máquinas que puedan considerarse como agentes morales artificiales, seguir principios éticos y ser capaces de tomar decisiones éticas.[9] Aunque existe una viva discusión al respecto, como hemos dicho, existe un amplio acuerdo en entender que en todos estos casos se trata de sistemas *funcionalmente autónomos*, no ontológicamente autónomos.

Sin embargo, yendo más allá de esta función de evitar daños, los adalides de la creación de superinteligencias, como es el caso de Storrs Hall, consideran que debemos integrar nuestros mejores códigos morales en sus estructuras para que las máquinas, cada vez más inteligentes, no se vean obligadas a seguir el proceso evolutivo para aprender qué códigos producen más prosperidad y bienestar a las sociedades. Si les transmitimos ya esos códigos desde el comienzo de su funcionamiento, podrán mejorarlos desde el aprendizaje profundo y llegar a ser extraordinariamente bondadosas. Recientemente, Mo Gawdat, que ha sido director ejecutivo de Google, ha propuesto educar a las máquinas desde el momento en que son «bebés» para que vayan asumiendo unos valores que irán mejorando paulatinamente, de modo que no habrá motivo para temerlas, sino todo lo contrario: serán nuestras aliadas, y muy bondadosas, siempre que las eduquemos con el cariño con que los padres tratan a sus hijos, porque Gawdat considera que es en el entorno familiar donde se aprende el comportamiento moral y esto mismo ocurrirá con las máquinas *mutatis mutandis*. Una ética de las máquinas imitaría el modelo de las familias bien avenidas, con buenas relaciones entre padres e hijos.[10] Pero de esto hablaremos más adelante.

Por el momento, abordaremos dos cuestiones que son comunes a los casos planteados: dilucidar si los sistemas artificiales pueden ser *agentes morales*, y qué tipo de ética deberíamos integrar en la programación de las máquinas, teniendo en cuenta que hay

diversas teorías éticas y distintos valores morales en la vida cotidiana de un universo que es plural y multicultural.

3. ¿PUEDEN LOS SISTEMAS ARTIFICIALES SER AGENTES MORALES?

La bibliografía sobre esta cuestión es desbordante, de ahí que en
principio tomemos un hilo conductor, en este caso un artículo de
Catrin Misselhorn (2019) que plantea el tema en el siguiente sentido. En primer lugar, para entender que un sistema artificial puede ser un agente moral tiene que ser de algún modo fuente
autooriginante de sus acciones.[11] Esto significa que sus acciones
puedan no ser determinadas por factores externos, supongan cierta flexibilidad o estén bajo el control del agente. Y, en segundo
lugar, que el agente pueda actuar «por razones». En cuanto a ser
fuente de las propias acciones, se puede apelar a dos sentidos de
«originación»: uno muy exigente, es decir, que el agente actúe sin
una causa anterior, o bien uno más débil, es decir, que pueda
interactuar con su entorno, cambiar de estado sin un estímulo
externo y adaptar su conducta a nuevas situaciones.[12]

Ciertamente, la capacidad de cambiar de estado sin un estímulo externo se denomina a menudo «autonomía», pero, a mi
juicio, es más adecuado denominarla «independencia externa»
porque entiendo que la autonomía es una capacidad más exigente que la *independencia externa* y está ya relacionada con el mundo
moral. Pero en el contexto en que nos encontramos aceptaremos
por el momento la denominación de «autonomía» tomándola en
sentido funcional.

En cuanto a la capacidad de actuar «por razones», se dice que
un sistema inteligente puede deliberar sobre planes y ejecutarlos,
contando con las informaciones que se le han proporcionado,

tanto de hechos como de finalidades. Pero no creo que sea así: lo cierto es que no delibera en el sentido humano, sino de nuevo que actúa por razones en *un sentido funcional*, que actúa con representaciones funcionalmente equivalentes a las de los agentes humanos.[13] Se toman, pues, estos vocablos en un sentido ingenieril, no ontológico: «como si» fueran autónomos. Las diferencias entre la agencia moral de los seres humanos, que es una *agencia moral plena*, y la *artificial* serían las siguientes:

1. Los agentes morales plenos están dotados de creencias, preferencias, emociones morales (empatía, simpatía, culpabilidad, vergüenza), voluntad libre y la capacidad de reflexionar sobre sus razones morales, modificarlas, justificar las bases normativas de sus decisiones morales y tener en cuenta otros cursos de acción. Esto es clave para la libertad de la voluntad. La agencia moral plena se aplica potencialmente a cualquier contexto, como es propio de la inteligencia general de los humanos.

2. Los sistemas inteligentes, por su parte, limitan su competencia a un área específica de actuación, dado que gozan de una inteligencia especial. Lo cual tiene sus ventajas para su uso, porque necesitan aplicar principios morales a los casos concretos para los que pueden emplearse, como pueden ser el cuidado de ancianos, la conducción autónoma, el trato con mascotas, las prácticas sexuales o los conflictos bélicos.

Por su parte, Allen y Wallach destacan dos dimensiones en relación con los sistemas autónomos —autonomía y sensibilidad a los hechos éticamente relevantes— y hablan de tres tipos de moralidad:

1. Moralidad operacional, propia de los sistemas con autonomía y sensibilidad limitadas. En este caso, la significación
moral está en manos de los diseñadores y los usuarios.
2. Moralidad funcional, atribuible a las máquinas que tienen la
posibilidad de valorar y responder a los desafíos morales.
3. Moralidad genuina de las máquinas, que, en teoría, será posible en el futuro, creando auténticos agentes morales, con
responsabilidades y derechos comparables a los de los humanos.[14]

Ante la pregunta sobre si pueden ser morales seres sin conciencia ni emociones, llegan a la conclusión de que lo apropiado
es situarse pragmáticamente en la moralidad funcional, entre la
operacional y la agencia moral genuina. Los enfoques basados en
el procesamiento de símbolos y en redes neuronales de cognición
encarnada pueden proporcionar tecnologías que apoyen la moralidad funcional. De la genuina, en el caso de las máquinas, afirman que el futuro dirá.

En este sentido, es muy acertada la pregunta que en algún
momento formulan Anderson y Anderson: imagine que está usted en una residencia de ancianos donde «trabajan» robots asistenciales. Usted quiere ver en la televisión un programa determinado, pero otro residente prefiere otro, y el robot le da el mando al
segundo residente. Sin embargo, el robot también da una razón
para obrar así y es que usted estuvo viendo ayer su programa favorito.[15] Luego podríamos decir que la razón para tomar la decisión es universalizable y, por tanto, la decisión es equitativa: la
equidad exige que todos puedan gozar de su programa favorito.
Pero también es verdad que con esto no habríamos resuelto el
problema, porque no cabe afirmar que el robot actuó de esta
forma con intención consciente de hacerlo, sino que había sido
programado para actuar siguiendo ese principio.

En esta línea es muy interesante la posición de autores como John Danaher al proponer que se hable de un «conductismo ético», pero no sólo en el caso de los sistemas inteligentes, sino también en el de los seres humanos. Danaher aborda el tema de la sexualidad y cuenta cómo en 2017 se produjo el primer matrimonio humano-robot y cómo a partir de entonces ha aumentado este tipo de compromisos. ¿Los seres humanos podemos mantener una relación amorosa con robots que han sido programados para amarnos, cuando se entiende habitualmente que el amor debe ser libremente elegido, y no programado? La respuesta de Danaher es afirmativa: los robots amorosos actúan como si sintieran emociones, y no podemos traspasar la capa de la conducta llegando a la intimidad; sin embargo, esto sucede también con los seres humanos, porque en ningún tipo de seres podemos acceder a esas propiedades metafísicas que solemos aducir para atribuirles una conducta moral, es decir, a la conciencia, a capacidades cognitivas elevadas, a intereses. Lo que hacemos es inferir esas propiedades a partir de su conducta. Podríamos hacer lo mismo con los sistemas inteligentes.[16]

A mi juicio, sin embargo, la diferencia esencial es que los seres humanos pueden reflexionar sobre su conducta a través de ese «pensar despacio» del que habla Kahneman, y entablar un diálogo con gentes cercanas a través del que pueden descubrir los móviles de su acción en el intercambio de argumentos. Con las máquinas es imposible. Y en este punto no ayuda en absoluto la IA generativa, incapaz de sacar a la luz una intención de sus «acciones». Como muy bien apunta José Luis Mendívil, los modelos masivos de lenguaje, como ChatGPT, no entienden lo que dicen y se basan en calcular probabilidades de que una palabra (un *token*) aparezca después de otra. Es la pura arbitrariedad, no tienen la menor intención comunicativa.[17]

Pero esto no es un obstáculo para que los consideremos como

agentes morales funcionalmente, sino para que los consideremos *responsables* de sus decisiones. La atribución de responsabilidad exigiría que pudieran actuar según el deber y por mor del deber, cosa que no pueden hacer porque carecen de autonomía, voluntad libre y conciencia.[18] Sin embargo, sí que les atribuimos agencia moral y, por tanto, conviene dotarlos de unos principios o valores morales, que incorporarán mediante el aprendizaje profundo. Qué principios o valores transmitirles es un problema de envergadura en un mundo multicultural, en el que también conviven distintas teorías éticas.

4. TRES ENFOQUES DE TEORÍAS ÉTICAS

A la hora de decidir qué tipo de ética debería programarse en las máquinas inteligentes entramos en el ámbito filosófico de una «metaética de máquinas», porque nos interesa saber qué modelos éticos serían adecuados para construir esas programaciones.

En la amplísima bibliografía que aborda este tema podemos espigar al menos tres enfoques:[19]

1. Un *enfoque de arriba abajo*, que trata de integrar reglas en los robots, presumiblemente algorítmicas y programables. Para diseñarlas se puede seguir o bien la *tradición deontológica*, según la cual las reglas éticas valen por sí mismas, no por las consecuencias que pueden producir, o bien la tradición *utilitarista*, que mide la corrección de las reglas por sus consecuencias, entendiendo por tales la utilidad que proporcionan al mayor número de seres sentientes.

2. Un *enfoque de abajo arriba*, propio de una *ética de la virtud*, al modo aristotélico, que cuenta con los contextos concretos de acción, las emociones y la experiencia.

3. Un *enfoque híbrido*, que operaría sobre la base de un marco de principios éticos y lo adaptaría a contextos morales específicos, tomando en cuenta inductivamente las experiencias de esos contextos.

A mi modo de ver, el enfoque híbrido es irrenunciable, porque es necesario contar con un marco general y con la retroalimentación que procede del proceso inductivo a partir de las experiencias concretas. En el ámbito de las éticas aplicadas, es preciso recurrir al método de la hermenéutica crítica, que entiende la aplicación como un momento de la comprensión del sistema entero.

Se trataría entonces de trabajar en dos niveles estrechamente conectados entre sí: diseñar un marco, contando con teorías éticas acreditadas y, dentro de él, articular las normas y las reglas adecuadas para el razonamiento, la decisión y la actuación, obtenidas a partir de las particularidades y las experiencias concretas de los afectados en ese ámbito. Como bien se ha dicho, la programación no puede ser general, válida para cualesquiera ámbitos sociales, porque los valores y las normas apropiados para una máquina que atiende al cuidado de ancianos no pueden ser los mismos que deben tenerse en cuenta para los robots militares, para los robots mascota o para las máquinas domésticas. Hay una regionalización de esferas sociales que exige particularizar las programaciones, articulándolas en el marco de la teoría general.

5. CINCO MARCOS ÉTICOS: DEBER, UTILIDAD, VIRTUD, CAPACIDADES, DIÁLOGO

Deontologismo. De Kant a Asimov y más allá

El deontologismo deriva su nombre del vocablo griego *déon*, es decir, «deber», y es uno de los modelos más acreditados en la historia de la ética. Se ha presentado en muy diferentes versiones, como es el caso de las tablas de la ley del monte Sinaí, que son mandatos divinos, la regla de oro presente en la ética de todas las culturas y que se expresa a través de una versión negativa («no hagas a otros lo que no quieras que te hagan a ti») y otra positiva («haz a los demás lo que quisieras que te hicieran a ti»), la ética kantiana, que es la referencia obligada para este modelo, pero también el deontologismo pluralista de William D. Ross, el deontologismo de John Rawls, o el dialógico nacido en el último tercio del siglo XX de la mano de Apel y Habermas. A este conjunto podemos añadir las leyes de Asimov, aunque tienen más bien un valor literario.

El núcleo del deontologismo consiste en ocuparse, en el conjunto del fenómeno moral, de aquellas normas que universalizaríamos porque el fundamento de la obligación de cumplirlas se encuentra en algo incondicionadamente valioso, algo que vale por sí mismo y no como medio para otra cosa. El ejemplo más claro en nuestros días es el reconocimiento de la dignidad humana, que nos obliga tanto a no dañar a los seres humanos como a empoderarlos. De ahí que las normas morales sean las que valen por el valor que protegen, no por el beneficio que reportan a quien actúa, que sin duda puede experimentar una satisfacción como consecuencia de haber obrado bien, pero no es esa la razón por la que obra moralmente.

En la ética kantiana, que es el ejemplo más claro de ética

deontológica, el procedimiento para aplicar las reglas no es deductivo, no se trata de formular un principio general y aplicarlo a los casos concretos. Se trata de que el agente universalizaría la máxima por la que obra, la razón por la que obra, que es el fundamento subjetivo de la acción. Las máximas por las que los seres humanos obran pueden ser o bien el egoísmo o bien el valor mismo de la ley. En los cuatro ejemplos que Kant aduce de imperativo categórico en la *Fundamentación de la metafísica de las costumbres* —que son el suicidio, el cumplimiento de las promesas, el cultivo de las propias capacidades y la ayuda al prójimo—, la clave para tomar la decisión es la máxima de la acción, que es la que le da una calificación moral u otra.

Ciertamente, recurrir a un modelo deontológico para una ética de las máquinas es hoy por hoy lo más adecuado, porque las normas obligan a cumplir lo que protege al ser incondicionadamente valioso con la fórmula «no harás» y lo que le empodera con la fórmula «sí harás». Ese ser sería la persona en una ética de la IA humanocéntrica. Ahora bien, como el fundamento de la acción pertenece al ámbito de la *intención del agente* moral de actuar por una máxima u otra, aplicar éticamente la máxima exige contar con un agente no sólo funcional, sino *consciente de su intención, capaz de autoobligarse* y *capaz de interpretar el significado de sus posibles acciones en los casos concretos*, es decir, con un ser humano.

Y en esto se aprecia claramente la distinción que Kant introduce ya en el Prólogo a *La fundamentación de la metafísica de las costumbres* entre legalidad y moralidad. La legalidad consiste en actuar *conforme a la ley*, sea cual fuere el móvil de la acción; la moralidad consiste en obrar conforme a la ley *por el valor de la ley*.

Un sistema inteligente no puede actuar por el valor de la ley. Le faltan las predisposiciones estéticas de la receptividad del ánimo para los conceptos del deber, de que hablaba Kant en *La metafísica de las costumbres* y de las que hemos tratado en el primer capítulo de este libro al hilo del fracaso del doctor Moreau para convertir a los humanimales en seres humanos.

Dado que *los sistemas inteligentes no obran con intención ni cuentan con la capacidad de interpretar cómo aplicar correctamente la norma en los casos concretos*, el «deontologismo artificial» lleva a problemas insolubles como los siguientes:

1. Un robot que diga siempre la verdad puede informar al enemigo de cuanto desee saber en el caso de ser apresado. Y sucede, como en el relato de Kipling, que las máquinas «no están hechas para entender una mentira».

2. Se programarían normas que en casos concretos resultarían contradictorias, como ocurrió con las leyes de Asimov. El robot no podía obedecer a la vez las tres leyes. El propio Asimov criticó estas leyes en 1976 (en *El hombre bicentenario*), donde unos matones ordenan a un robot que se desmonte. Ha de hacerlo para obedecer la segunda ley, pero no puede defenderse sin dañarlos, lo cual supondría violar la primera ley.

3. Las normas concretas pueden provocar que gentes perversas las manipulen, como puede ocurrir en el caso de los robots militares con la norma «nunca mates niños», que puede llevar a que el enemigo ponga niños soldados en primera fila.[20]

De hecho, las leyes de Asimov han quedado más como recursos literarios que como leyes éticas para introducir en los supuestos cerebros positrónicos de los robots, y la verdadera fuerza de la obligación ética descansa en el juramento del roboeticista, un juramento similar al hipocrático en medicina, por el que los investigadores en robótica se comprometen a cumplir con las exigencias éticas de su profesión, como sucede en las restantes éticas profesionales.[21]

Puede objetarse que tampoco las personas actúan habitualmente conscientes de las máximas por las que obran, ni siquiera actúan habitualmente conscientes de las decisiones que toman. Y una afirmación semejante ha llevado a menudo a negar la existencia de la libertad por identificarla con los procesos conscientes de decisión, que son los menos. En este punto experimentos como los de Benjamin Libet suscitaron una viva discusión y un refuerzo de las posiciones deterministas, aunque ni ésa era la intención de Libet ni eran ésas las conclusiones que podían sacarse de sus experimentos.[22] Pero, aunque en la vida corriente actuemos de forma inconsciente, sigue siendo cierto —como afirma Kahneman— que el pensar rápido y el pensar despacio se complementan: siempre cabe reflexionar sobre nuestras actuaciones pasadas y tratar de tomar conciencia de nuestra intención, como también cabe dialogar con otros para tomar conciencia de sí mismo.

Un marco deontológico para integrar normas éticas en los «cerebros» de las máquinas es, pues, el más adecuado, porque, aunque la máquina no sea consciente de ello, tratará de proteger a los seres que son valiosos por sí mismos. Pero tendrá que ser complementado con un procedimiento *de abajo arriba*, que brote del diálogo con los afectados y con los expertos en cada campo, como veremos en el último epígrafe de este capítulo.

Por el momento, comentaremos una propuesta deontológica, que intenta evitar las contradicciones que se producen cuando distintas leyes éticas entran en conflicto: el pluralismo deontológico de William D. Ross, que autores como Anderson y Anderson toman como base para aplicarlo a robots asistenciales en cuidado geriátrico.[23]

Ross entiende que los mandatos morales ordenan cumplir la acción «a primera vista», son «deberes *prima facie*», pero en los casos concretos pueden entrar en colisión con otros mandatos o es preciso atender a otros factores, en cuyo caso pueden perder su fuerza obligatoria en esa situación, y entonces es necesario elegir.

Por ejemplo, cumplir las promesas es un deber moral, pero si pido dinero en préstamo a una persona y le prometo devolvérselo en un plazo determinado de tiempo, y llegado el plazo, sólo tengo dinero para mantener a mi familia, el deber de atender a la familia pasa por delante del de cumplir las promesas. Pero es importante recordar que no por eso deja de ser un deber moral, sólo que en este caso pasa a un segundo plano.

Ahora bien, ¿cómo se descubre que un mandato es moral? En este punto existen distintas respuestas: según Ross, a través de las intuiciones morales de «gente bien educada y reflexiva»; Anderson y Anderson, por su parte, remiten a las intuiciones de los expertos, tal como se plasman en los conocidos principios de la bioética de Beauchamp y Childress, y toman para el cuidado geriátrico tres de ellos: la autonomía, la beneficencia y la no maleficencia. Por otra parte, en su trabajo «Robot Be Good» los Anderson ponen ejemplos de investigadores que han propuesto enfoques con ayuda de técnicas de IA: Rafal Rzepka y Kenji Araki (2005) proponen «algoritmos dependientes de la democracia», que extraerían de la web información sobre lo que en el pasado la gente ha considerado éticamente aceptable y después usarían el análisis estadístico para producir respuestas para situaciones nuevas; Marcello Guarini en 2006 sugiere que las redes neuronales pueden ser «entrenadas», usando casos para reconocer y seleccionar lo que es éticamente aceptable en casos similares.

Por su parte, los Anderson consideran que la toma ética de decisiones implica sopesar deberes *prima facie*. Cuando los deberes entran en conflicto, los principios éticos pueden determinar cuál debe priorizarse en cada situación particular.[24] Describiendo una situación concreta en numerosos contextos en que los robots funcionarán probablemente, muchos eticistas estarán de acuerdo en qué es permisible y qué no. Si no existe ese acuerdo, los autores creen que no debería dejarse a las máquinas tomar decisiones.

Para obtener principios éticos utilizan el *machine learning*: el algoritmo accede a un número representativo de casos particulares en que los humanos han determinado que ciertas decisiones son éticamente correctas. Usando la lógica inductiva, abstrae un principio ético. Este nivel de «aprendizaje» tiene lugar en el tiempo de diseñar el *software*, y el principio ético resultante se codifica en la programación del robot.

Como primer test para el robot, los Anderson consideran un escenario en que ha de recordar a un paciente que tome una medicina e informar a un supervisor cuando no cumple. El robot ha de equilibrar tres deberes: asegurar que el paciente se beneficia de tomar el fármaco, prevenir el daño que puede resultar del hecho de que no lo tome, y respetar la autonomía del paciente si es adulto y competente. En el campo de la ética médica, respetar la autonomía del paciente es una prioridad y este deber puede violarse si el robot recuerda al paciente con excesiva frecuencia o notifica al supervisor el no cumplimiento demasiado pronto.

Tras informar sobre casos particulares, el *machine learning* produjo el siguiente principio ético: un robot cuidador debería desafiar la decisión de un paciente —violando su autonomía— si actuando de otro modo no previniese el daño o violase severamente el deber de promocionar el bienestar del paciente. El principio *non nocere* sigue siendo el principio básico.[25] El robot notifica al supervisor sólo cuando el paciente puede resultar dañado o perder un beneficio considerable de no tomar la medicación. El robot utiliza el principio para determinar cuándo un deber toma precedencia sobre otro.

Utilitarismo: el imposible ábaco moral

El utilitarismo hereda la tradición hedonista de los epicúreos y la transforma en un hedonismo social. Ya Epicuro había señalado que el único móvil de la conducta es la búsqueda del placer y la huida del dolor y que, por tanto, una vida feliz es la que consigue el máximo de placer y el mínimo de sufrimiento. La razón moral se convierte entonces en razón calculadora, encargada de sopesar en las acciones la intensidad y la duración del placer que pueden obtenerse, y el sufrimiento que pueden propiciar. Una aritmética del placer y el sufrimiento es indispensable para una vida feliz.

En la Modernidad, este hedonismo sufre una profunda transformación, porque pasa de ser individual a ser social. Como afirma John Stuart Mill, el utilitarismo es el conjunto de reglas de conducta humana por cuya observación puede asegurarse una existencia exenta de dolor y abundante en goces en el mayor grado posible, cuantitativa y cualitativamente, no sólo para los seres humanos, sino para el mayor número de seres sentientes.[26] La capacidad de sentir es la «línea infranqueable» a la que se refiere Jeremy Bentham en un texto antológico, escrito en 1780, pero publicado en 1789, en el que asegura que los franceses ya han entendido que la línea infranqueable para dañar a un ser no es el color de la piel, ni la razón ni el discurso, sino la capacidad de sufrir. «La cuestión no es ¿puede razonar?, ¿puede hablar?, sino ¿puede sufrir?»[27]

Existe una amplia gama de variedades del utilitarismo, pero en cualquiera de ellas las reglas correctas son las que tienen por consecuencia el mayor placer del mayor número de seres sentientes, o al menos, el menor dolor.

El utilitarismo es la doctrina ética a la que suelen recurrir los tecnocientíficos, implícita o explícitamente, por entender que las decisiones racionales son aquellas que buscan el mayor bien del mayor número de seres sentientes. El hecho de que la razón utilitarista sea una razón calculadora parece hacerla muy adecuada para insertar una ética de ese tipo en los «cerebros» de los sistemas inteligentes porque se trataría de cuantificar. Y, ciertamente, en el mundo tecnocientífico la convicción de que la «racionalidad» consiste en maximizar el bienestar es un supuesto clave. De hecho, el transhumanismo comparte este supuesto, que llega a extremos muy notables, como el de David Pearce, defensor de una ética utilitarista negativa. En *The Hedonistic Imperative* [*El imperativo hedonista*] de 1995 lanza la idea de que la ingeniería genética y la nanotecnología eliminarán toda forma de experiencia desagradable y propugna la abolición del sufrimiento en toda vida sensible como un imperativo moral. Sostiene que los seres humanos tenemos una responsabilidad de rediseñar al ecosistema global de modo que los animales no sufran en la naturaleza. No se trataría entonces de defender un antropocentrismo, sino un patocentrismo.

El utilitarismo ha hecho posibles una gran cantidad de reformas y mejoras sociales y es una teoría ética bien acreditada, pero presenta una gran cantidad de problemas, de los que me he ocupado pormenorizadamente en otro lugar.[28] Aquí señalaré sólo dos aspectos en lo que afecta a la conveniencia de tomarlo como marco de una ética para máquinas:

1. Un buen número de bioeticistas consideran que la gran aportación del utilitarismo consiste en mostrar que una decisión ética es una cuestión de aritmética moral, que las decisiones son medibles, deben someterse al ábaco del bienestar.[29] Llegamos entonces al deplorable reduccionismo según el cual «lo que no se mide no existe», lo que no se atiene al método técnico más cómodo se expulsa de la realidad. Este reduccionismo positivista elimina una buena parte de la vida moral y va conformando una mentalidad

que se somete al cálculo de lo medible, al juego del mercado, sea comercial o político.

2. Afortunadamente, otros autores entienden con buen criterio que hacer el análisis coste-beneficio en el caso de los valores morales convierte la ética en una rama de la economía y que «marcar un precio a todo es moralmente debilitante».[30] No se debe confundir el «valor» con el «precio».

3. El utilitarismo es agregacionista, no universalista, y por esa razón siempre deja excluidos. La máxima que ordena buscar el mayor bien del mayor número manda por su misma esencia sacrificar los intereses del individuo a la colectividad cuando sea necesario. Pero entonces, aunque Bentham asegure que en el cálculo de los placeres y dolores cada uno cuenta por uno y nada más que por uno, es imposible respetar ese principio porque el cálculo debe hacerse sobre el bien de la colectividad. Ésta es la razón por la que el deontologismo sigue presente en una buena cantidad de teorías éticas actuales: porque, frente a la suma del bienestar de la colectividad, antepone los derechos de las personas concretas en el caso de los personalistas, y los derechos de los animales concretos, en el caso de animalistas como Tom Regan.[31] Cada persona vale por sí misma (tradición kantiana), todo ser vivo vale por sí mismo (Regan). Sus derechos deben anteponerse al bienestar del colectivo.

En cualquier caso, el *modelo de arriba abajo*, sea deontologista o utilitarista, debe ser complementado para poder insertarse en los sistemas inteligentes, porque esos sistemas trabajarán en ámbitos concretos (vehículos autónomos, robots domésticos, cuidadores de ancianos, entre otros).[32]

La ética de la virtud

Un *modelo de abajo arriba* sería el propio de la ética de la virtud, que se ocupa del carácter, de cómo deben ser los agentes morales, no tanto de qué deben hacer. Esta es la tradición aristotélica, que sigue siendo plenamente actual y que sería muy adecuada para las máquinas si pudieran asumirla. Pero no es así, porque para eso se necesitaría prudencia, sabiduría práctica.[33] Se necesitaría un modelo y no reglas.[34] Precisamente la dificultad de aplicar modelos de arriba abajo es la que ha llevado a recordar a Aristóteles y la ética de las virtudes. Según De Moss, los modelos de redes neuronales proporcionados por el conectivismo parecen apropiados para entrenar a los robots a distinguir el bien del mal.[35] Pero mientras no haya un avance sustantivo en esos modelos, parece prudente recurrir a normas.

El enfoque de las capacidades

Por su parte, Catrin Misselhorn acepta parcialmente el modelo de los Anderson, pero lo critica en tres puntos:

1. Confían demasiado en los expertos, cuando habría que preguntar a los afectados.
2. Además de los principios de la bioética, hay otros aspectos que hay que tener en cuenta, como la dignidad, el autorrespeto, la integridad, la privacidad y los datos que el sistema genera.
3. Carece de flexibilidad porque los principios son rígidos.[36]

La autora, por su parte, considera que un buen punto de partida es el enfoque de las capacidades de Martha Nussbaum.

De hecho, Mark Coeckelbergh fue el primero en aplicar el enfoque de las capacidades a los robots cuidadores.[37] Las capacidades permiten dar medidas objetivas y no caer en un bienestarismo subjetivista de los deseos y las preferencias que pueda tener el paciente. Las capacidades son relevantes para una vida digna, y eso es lo que las hace morales y las distingue de los deseos subjetivos arbitrarios, como querer dinero si ya se tiene suficiente. Por otra parte, con el enfoque de las capacidades excluimos los deseos moralmente corruptos o repugnantes, como sería el caso de las preferencias adaptativas de los individuos en condiciones degradadas. Los deseos morales repugnantes son las preferencias que implican violar la dignidad de otras personas.

Ahora bien, un aspecto muy importante es que, aunque el tipo de capacidades es el mismo, la gente las valora de forma diferente a lo largo de la vida, y así lo hacen también los ancianos, con diferencias entre ellos. Autonomía, salud física y privacidad son valores morales relevantes en el cuidado geriátrico. Pero los ancianos pueden dar diferente peso a cada uno. De ahí que para encontrar las decisiones moralmente adecuadas en el cuidado geriátrico haya que determinar qué valores morales consideran importantes los ancianos y para eso puede ayudar el paradigma de la filosofía experimental.[38] En contraste con Anderson y Anderson, que toman como *input* el juicio de los expertos éticos, la filosofía experimental pregunta a la gente ordinaria para buscar patrones en sus respuestas.[39]

Los robots no son capaces de reconocer lo que es moralmente correcto e incorrecto y actuar de acuerdo con ello, pero sí de tratar a las personas siguiendo los estándares morales que asumen. Estas capacidades pueden ser muy importantes algún día para los sistemas autónomos artificiales que están cuidando de ancianos que están todavía cognitivamente alerta, pero físicamente impedidos, para que puedan vivir autónomamente en sus domicilios la mayor cantidad de tiempo posible.

Deontologismo dialógico

Como hemos venido diciendo a lo largo de este capítulo, los modelos híbridos serían los más adecuados para una ética de la IA, y, por tanto, se trataría de diseñar un marco, contando con teorías éticas acreditadas y, dentro de él, articular las normas y las reglas adecuadas para el razonamiento, la decisión y la actuación, obtenidas a partir de las particularidades y las experiencias concretas de los afectados en ese ámbito. Sin duda, el modelo de las capacidades aporta elementos muy valiosos para construir una ética de máquinas, pero adolece de dos defectos al menos:

1. Es un modelo especial, en este caso, para atender al cuidado de ancianos, pero también para otros casos particulares, lo cual permite profundizar en ellos, pero impide situarlo en un marco más amplio que lo articule con las restantes éticas aplicadas a la IA.
2. Remite a las *capacidades* y no tiene en cuenta la necesidad de tomar como punto de partida el nivel más radical de las éticas aplicadas, que son las *actividades*.

La regionalización de esferas sociales, que exige particularizar las programaciones, reclama a la vez articularse en el marco de la teoría general. La ética para máquinas es una ética aplicada, se aplica en muy distintos ámbitos, da orientaciones para *actividades* muy diversas, como serían la investigación biomédica, el cuidado de los pacientes, el derecho, las finanzas, la atención a las migraciones, la educación, el manejo de los sistemas autónomos, la gestión administrativa, entre muchas otras.[40] Y cada una de esas actividades en las que interviene la IA requiere un tipo de ética específica, atendiendo a la peculiaridad de cada una de ellas. No se puede recurrir al mismo modelo para las finanzas y para el cuidado de los ancianos, como reconocen también los autores que hemos tratado. Pero entonces es menester construir un modelo que sirva de marco general para todas esas éticas específicas y permita articularlas desde algunos principios éticos, respetando la especificidad de cada una de ellas.

Mi propuesta es la de un *deontologismo dialógico*, que recurre al método de una *hermenéutica crítica*.

En principio, un marco *deontológico* es el más adecuado hoy para una ética para máquinas, porque permite recurrir a normas que pueden inscribirse en las programaciones de los robots e ir incorporándolas a través del aprendizaje de máquinas. Pero, teniendo en cuenta que los contenidos tienen que modularse según el ámbito de aplicación, hemos de tener en cuenta distintas actividades a las que deben aplicarse las normas, como es propio de las éticas aplicadas. Las éticas aplicadas, como es el caso de la ética de la IA, tienen una doble estructura: un *momento aristotélico*, que se refiere a las *actividades* en que va estando implicada la IA cada vez más, y un *momento kantiano*, que nos remite a las *normas* éticas que deben ser generadas a partir del reconocimiento de que hay seres valiosos por sí mismos que deben ser respetados.[41] *Actividades* y *normas* forman la estructura de una ética aplicada.

En lo que respecta al *momento aristotélico*, como bien decía Aristóteles y recordó MacIntyre, ampliándolo a las actividades sociales, la vida humana se hace de *actividades*, y esas *actividades* se dirigen a un *bien*, a un fin que es el que les da sentido y legitimidad social. Es lo que constituye el *bien interno* de la actividad. Para elaborar una ética es necesario adentrarse en cada una de las actividades sociales y tratar de dilucidar cuál es su bien interno y cuáles son los principios de alcance medio, los valores y las virtudes que es necesario encarnar para alcanzar la meta.[42] Esa sería la tarea de una hermenéutica crítica, que intentaría detectar en cada ámbito afectado por la IA, en este caso, los principios y los valores éticos con los que se modula en él la ética cívica, presente en todos ellos. La ética cívica es transversal a todos los ámbitos y, aunque en principio surge en las sociedades moralmente pluralistas, cada vez se va haciendo más *transnacional*.[43]

Evidentemente, en el caso de una ética de la IA, en la que las máquinas son también agentes morales, pero funcionalmente, los sistemas inteligentes serán incapaces de comprender cuál es el bien interno de la actividad, pero sí que deben ser programados para actuar funcionalmente en esa dirección y para alejarse de la dirección contraria. Lo cual exige que los tecnocientíficos traten de incorporar en las programaciones las normas que deben seguir las máquinas para ayudar a alcanzar el bien interno de la organización de las migraciones, de las finanzas, de los medios de comunicación, del manejo de las plataformas, de la política y de cada una de las restantes actividades sociales. Y, por supuesto, es imprescindible el diálogo interdisciplinar entre los filósofos, los expertos en ciencias sociales, en humanidades y en tecnociencias para dilucidar cuál es el bien interno de cada actividad; sobre todo con los expertos de cada una de ellas, con una opinión pública razonante y con los afectados por las decisiones. *El modelo dialógico es irrenunciable.*

El *momento kantiano*, por su parte, se refiere al marco de principios y normas al que ha de atenerse cualquiera de las actividades sociales en un mundo que está ya situado éticamente en el nivel posconvencional de la conciencia moral, en el sentido de Kohlberg, Apel y Habermas. Este marco se refiere a un principio incondicionado, expresado en la tercera formulación del imperativo categórico del fin en sí mismo, según el cual la clave del mundo moral es la persona, el sujeto autónomo, que por ello tiene dignidad, y no un simple precio.[44] Afortunadamente, los principios formulados por los expertos de la Unión Europea para crear una IA confiable, de los que tratamos detalladamente en el capítulo 4 de este libro, caminan en esa dirección. Y aunque son los que los seres humanos debemos adoptar para servirnos de los sistemas inteligentes, también deben incorporarse en esos sistemas porque valen por el bien que protegen. Si mediante el desarrollo de la IA cambiaran esos principios, ya no estaría en nuestras manos orientarlos en otra dirección, pero por el momento es pura especulación y no podemos hacer sino transmitir lo que creemos mejor.

El *momento dialógico* nos remite al modo de comprobar si una norma moral es adecuada para programarla en los cerebros de los sistemas inteligentes. La comprobación no puede consistir en que cada sujeto universalice monológicamente las normas que transmitiría a las máquinas, porque corre el riesgo de proponer normas idiosincrásicas, caprichosas y arbitrarias, no éticas. En este nivel recurrimos al principio de la ética del discurso, según el cual todos los seres capaces de comunicación lingüística han de ser reconocidos como interlocutores válidos, es decir, como personas, y por eso deben ser tenidos dialógicamente en cuenta en todas las cuestiones que les afectan.[45] La base de esta propuesta es el reconocimiento recíproco de los afectados, la posibilidad de reforzar una intersubjetividad que nos constituye (Cortina, 2007). Esto no implica descuidar a los seres que no son capaces de participar en los diálogos, como es el caso de los animales y la naturaleza. Tienen un valor, aunque no un valor de dignidad, y el cuidado de lo valioso es responsabilidad humana.

Capítulo 7

LAS FRONTERAS DE LA PERSONA EN UN MUNDO TECNOCIENTÍFICO

<hr/>

1. ¿SINGULARIDAD DE LA HUMANIDAD?

El sintagma «singularidad de la humanidad», como ya hemos comentado, es utilizado por vez primera por el húngaro Von Neumann en 1957 y popularizado por el matemático y escritor Vernor Vinge en 1983, ligando la idea de singularidad a la creación de máquinas inteligentes, de inteligencias muy superiores a las nuestras. Los avances en la fabricación de sistemas inteligentes y de robots son innegables y la vinculación hombre-máquina se hace día a día más estrecha. El cíborg, compuesto de elementos orgánicos y dispositivos cibernéticos, con el intento de mejorar la parte orgánica con ayuda de la tecnología, no es ya una rareza, sino parte de la vida humana. El cíborg sería una materialización ficcional de una característica de lo humano y su relación con la tecnología, teniendo en cuenta que la tecnología es una parte natural de lo humano, hasta el punto de que autores como Javier Echevarría llegan a hablar de «tecnopersonas».[1]

En cualquier caso, hablar de «singularidad de la humanidad» resulta sumamente ambiguo, e incluso puede llevar a confusión. A primera vista, el término parece sugerir que los seres humanos gozan de unas características peculiares, en virtud de las cuales ostentan una superioridad ontológica y moral sobre los demás seres, y por eso ocupan un lugar central en el mundo conocido, tienen dignidad y debe reconocérseles un estatus especial frente a los demás seres. La Declaración Universal de los Derechos Humanos de 1948 tendría como fundamento esa dignidad de los miembros de la familia humana, que les procura un estatus especial.

Sin embargo, desde el siglo pasado al menos, una presunta singularidad, entendida en este sentido de superioridad ontológica y moral, ha sido criticada reiteradamente y calificada como «especismo». El especismo consistiría en este caso en conceder prioridad a los seres de la especie humana frente a los demás seres del universo, y la sola expresión en forma de «-ismo» ya muestra que se considera como una discriminación injusta a favor de los miembros de la especie humana en detrimento de los demás seres.

La crítica surgió sobre todo al hilo del debate animalista, y una buena cantidad de autores —no sólo los animalistas— criticaron el especismo. Muchos saludaron con entusiasmo lo que consideraron el fin del Antropoceno, el fin de una época de especial influencia del *Homo sapiens* sobre la tierra. Fue el premio Nobel de Química de 1995 Paul J. Crutzen quien acuñó el término «Antropoceno» en 2000 por analogía con el Holoceno, y aunque se discute si es acertado o no considerarlo como una era geológica, la sola sugerencia de que lo sea pretende expresar que ha terminado el imperio del *Homo sapiens*.

Sin embargo, la idea de «singularidad» procede sobre todo de la posibilidad de crear a partir de los seres humanos esas superinteligencias que, si existieran, superarían a la inteligencia humana, de modo que las máquinas podrían sustituir al hombre. Los humanos dejarían su soporte biológico y pasarían su inteligencia a las máquinas, de modo que el sustrato de la IA sería de silicio. Se trataría de una especie nueva y los seres humanos serían un elemento más en la cadena de la evolución que culminaría en esos seres singulares.

Pero, curiosamente, estos progresos no parecen haber potenciado la singularidad de los seres humanos, entendiendo por «singularidad» aquello que les liga a las máquinas, pero que sólo ellos pueden hacer y les conferiría un estatus moral superior a los restantes seres. Lo que está ocurriendo es que se intenta aumentar el número de seres no humanos y se pretende que deban ser tratados como humanos, que se les reconozcan derechos, e incluso que se les considere como personas, facultadas para ser pacientes y agentes morales, y también miembros de la comunidad política y cósmica. La verdad es que ignoramos cómo habrá que tratar a las superinteligencias cuando lleguen, si es que llegan, pero lo que sí sabemos es que por el momento se intenta ampliar el círculo de aquellos a los que hay que considerar «personas», y a los que se les deben reconocer unos derechos análogos a los humanos. Incluso algunos autores proponen proclamar una Declaración Universal de los Derechos Globales, en la que se incluirían las máquinas inteligentes, pero también todos los seres inteligentes y autónomos, como veremos más adelante.[2] Por el momento partiremos de una propuesta muy concreta, que puede llevar más allá.

2. PERSONAS ELECTRÓNICAS: UN DEBATE EN EL MUNDO EUROPEO

Una propuesta muy concreta es la que avanzó el Comité de Asuntos Legales del Parlamento Europeo en mayo de 2016 de crear personas electrónicas, en el marco de la legislación civil, para regular la robótica. Se trataba con ella de reconocer un estatus legal a los robots autónomos de vanguardia, para que sea posible reparar los daños que puedan causar cuando tomen decisiones autónomas o de manera independiente interactúen con terceros. Evidentemente, atribuir a los robots «decisiones» es toda una apuesta de dudosa credibilidad, porque se debería aclarar si los robots son capaces de tomar decisiones, y si podemos suponerles autonomía, identificándola con independencia respecto a terceros, no digamos ya autonomía moral. Los robots pueden llegar a resultados que ofrezcan soluciones, pero no pueden tomar decisiones. Son los seres humanos los que deciden aceptar y poner por obra algunas de esas soluciones.

En cualquier caso, la propuesta no prosperó, entre otras cosas, porque un colectivo de más de doscientos expertos en IA y robótica, líderes industriales y expertos en ética, medicina y derecho la criticó duramente con razones que convendría comentar siguiendo el hilo de las afirmaciones del informe, que serían las siguientes.

1. *La IA y los robots han de estar al servicio de la humanidad, por encima de cualquier otra consideración.* Por mi parte, nada que objetar, pero quienes defienden la posibilidad de crear máquinas con inteligencia general y superinteligencias aducirán que no tendrían por qué servir a la humanidad. Si esas superinteligencias son bondadosas, podrían ser amistosas con los seres humanos; si no lo son, podrían esclavizarlos, pero, en cualquier caso, como es verdad que no hemos llegado a ese momento y hay que reconocerlo desde una perspectiva científica, los expertos del informe que comentamos aseguran con buen acuerdo que afirmar algo diferente es un engaño que desacredita a las tecnociencias. Desde mi punto de vista, sería incurrir en ideología.

2. *La creación de un estatus legal de persona electrónica para robots autónomos, impredecibles y que autoaprenden se basa en la afirmación incorrecta de que es imposible descubrir la responsabilidad del daño.* Tampoco parece que haya nada que objetar, pero en este punto es muy necesario demostrar en cada caso que la

trazabilidad es no sólo necesaria, sino también posible, porque a menudo resulta muy difícil reconstruir el camino que ha conducido al daño causado. La dificultad que plantea la caja negra es innegable. Más aún con la aparición de la IA generativa, realmente imprevisible en sus resultados también para sus creadores.

3. Por otra parte, se dice con buen criterio que los dueños de los sistemas inteligentes deben tener seguros contra los daños que puedan causar y responder de ellos. Hoy por hoy, los sistemas inteligentes no tienen propiedad, ni, por tanto, libertad y responsabilidad. No deja de ser curioso que Hegel reconociera que el nacimiento de la propiedad privada es el primer síntoma de libertad de un ser.

4. *Se están atribuyendo a la IA y a los robots unas capacidades situadas muy por encima de las que se pueden reconocer hoy, una atribución distorsionada por la ciencia ficción y por la prensa sensacionalista.* Evidentemente, así es y, aunque los expertos no lo mencionen, ese sensacionalismo no es casual, sino motivado por el afán de atraer la atención en un mundo marcado no sólo por la extracción de datos a los usuarios de las plataformas, sino también por la economía de la atención. Atraer la atención para que los usuarios queden cautivos de la red es el objetivo.

5. La conclusión de los expertos es contundente: «Desde una perspectiva ética y legal, crear una personalidad legal para un robot es inapropiado sea cual sea el estatus legal del modelo». *El estatus legal de un robot no puede derivar del modelo de una entidad legal*, como pretendió la Comisión, porque en las organizaciones hay personas humanas para representarlas y dirigirlas, y éste no es el caso del robot. Las personas humanas son las responsables.

6. Es imposible no estar de acuerdo en que no se puede com-

parar una organización o institución humana con un sistema inteligente.

7. A todo ello se añade que la regulación debería incluir una nueva forma de información, en la que las empresas comuniquen la contribución de la robótica y la IA a los resultados de la empresa a efectos de impuestos y de contribuciones a la Seguridad Social. También un esquema de seguros con que las empresas puedan cubrir los daños causados por los robots.

8. Sin embargo, la razón que se aduce a continuación para negar que los robots puedan considerarse personas no puede ser más discutible. Según los expertos, no se puede tomar como modelo la persona natural, porque entonces tendría derechos humanos, como el derecho a la dignidad y a la integridad, el derecho a la remuneración o a la ciudadanía. Todo esto estaría en contradicción con la Declaración de los Derechos Humanos de 1948, con la Carta de Derechos Fundamentales de la Unión Europea y con la Convención para la Protección de los Derechos Humanos y las Libertades Fundamentales, que sólo se refieren a seres humanos.

9. En efecto, si reconociéramos como personas morales a los sistemas inteligentes, deberíamos reconocerles también estos derechos, pero ésa no es una objeción, sino que sería la consecuencia ineludible que habría de aceptarse ampliando la Carta de Derechos a todas las personas, sean o no humanas. Y justamente ése es uno de los puntos en que nos encontramos, ése es uno de los núcleos de la actual discusión, que está teniendo un largo recorrido.

Como es sabido, la propuesta del Comité de Asuntos Legales del Parlamento Europeo no prosperó. Sin embargo, abrió mercados de futuro y, de hecho, algunos tecnocientíficos recordaron una vez más en esa ocasión que su propósito consiste en crear robots inteligentes, autónomos, con sentimientos, que en tal caso deberían ser reconocidos como personas morales, y no sólo legales, con todos los derechos que en ese caso les corresponderían. ¿Por qué ese empeño en ampliar el círculo de los seres a los que debemos considerar personas y reconocer derechos?

A mi juicio, podría decirse que ese afán cobra fuerza al menos desde los años sesenta del siglo pasado al hilo de las reivindicaciones de los movimientos animalistas, y que en el primer tercio del siglo xx ha tomado un giro inesperado con la idea de persona electrónica, con las promesas posthumanistas, e incluso con el paso del antropocentrismo al biocentrismo y aún más allá: a la valoración de todos los seres inteligentes, sean biológicos, sean de silicio.

3. EL CÍRCULO DE PERSONAS SE AMPLÍA MÁS ALLÁ DE LOS SERES HUMANOS

El debate sobre el concepto de «persona», de tan larga data, se avivó de nuevo durante el siglo pasado, en principio al hilo del debate animalista. Porque explícitamente desde 1948 reconocer a un ser que es persona es reconocer a la vez que tiene un conjunto de derechos que los Estados y las demás personas deben respetar. Se trata de derechos morales que deben ser recogidos en las constituciones de los diferentes países, convirtiéndose entonces en derechos fundamentales. Ser persona lleva aparejado ser sujeto de derechos, pero también estar obligada a asumir responsabilidades. El debate tenía entonces una vertiente de filosofía teórica, pero a la vez de filosofía práctica, que es la que orienta la acción.

A lo largo de la discusión se enfrentaron distintas propuestas de las que me ocupé en mi libro *Las fronteras de la persona*, que llevaba un subtítulo significativo: *El valor de los animales, la dignidad de los humanos*. El meollo de la cuestión radicaba en desentrañar qué elemento es decisivo para reconocer que el sujeto que lo ostenta tiene derechos a los que los hombres han de responder cumpliendo deberes para con él. Y en tal caso, si ese factor lo tienen tanto los animales como los seres humanos. Desde esta perspectiva, las teorías éticas han solido posicionarse del siguiente modo, que tomo en buena medida de Tom Regan, aunque con precisiones que creo importantes: la perspectiva de la «crueldad-benevolencia», las teorías contractualistas, las utilitaristas y las teorías del valor interno.

Pero, como hemos dicho, en el primer tercio del siglo XXI el debate ha ido más allá con la idea de persona electrónica y con las promesas posthumanistas. El criterio por el que se distingue a las personas y se las hace acreedoras de esos derechos ha ido disminuyendo sus exigencias y ampliando el círculo de los admitidos. Desde recurrir a un criterio fuerte, como es propio de la tradición kantiana y dialógica, reclamando características como autoconciencia, autonomía, intimidad, emoción y capacidad de diálogo, a rebajar el nivel de exigencias contentándose con la capacidad de sufrir de la tradición utilitarista. El célebre texto de Bentham reclama que la línea infranqueable para dañar a un ser no sea el color, pero tampoco el vello de la piel, o el final del hueso sacro, sino la capacidad de sufrir.[3] O con una exigencia aún menor, la capacidad de experimentar una vida, lo cual le confiere un valor interno, por decirlo con autores como Tom Regan.[4]

Podría decirse en este contexto que el concepto de «persona» tampoco es tan importante, porque en la Declaración de Naciones Unidas de 1948 se habla expresamente «del reconocimiento de la dignidad intrínseca y de los derechos iguales e inalienables de todos los miembros de la familia humana», no de las personas, y algunos autores como DeGrazia entienden que el concepto es irrelevante. Sin embargo, no sólo sigue haciéndose uso de él en documentos internacionales, sino que autores como Martha Nussbaum se sienten obligados a hablar de «personas en sentido amplio» y «personas en sentido estricto» para incluir en ese concepto a los animales. La persona en sentido estricto pertenecería a la especie humana, con las capacidades que hemos mencionado (autoconciencia, autonomía, intimidad, emoción, capacidad de diálogo), se trate de capacidades en ejercicio o bien latentes, porque Nussbaum recurre a una «norma de la especie». Las personas en sentido amplio serían todos los seres que, según Nussbaum, son fines en sí mismos, porque gozan de unas capacidades propias, que deben ser empoderadas, como es el caso de los animales con capacidad de sentir. En este caso, el enfoque de las capacidades que creó Amartya Sen ante la pregunta «¿igualdad, en qué?», y que tiene como respuesta la igualdad en capacidades de todos los seres humanos, se amplía a los animales, para los que Nussbaum diseña un elenco de capacidades básicas.[5]

Naturalmente, tomar la noción kantiana de «persona» como fin en sí misma y asignarle una fundamentación diferente a la autonomía, es decir, aducir que los animales tienen capacidades propias y por eso deben ser empoderados, es sumamente discutible. Tanto que sería más razonable reconocer que los animales y la naturaleza tienen un valor y por eso merecen cuidados. Pueden tener derechos positivos, claro está, si se les asignan en los códigos de derecho positivo internacionales y nacionales, como así es y cada vez más. Pero no se los puede reconocer como personas con dignidad. Por mucho que DeGrazia afirme que hay animales no humanos a los que se puede llamar «personas limítrofes», entre lo que son personas de forma paradigmática y lo que claramente no son personas. Con la expresión «personas limítrofes» se refiere a los grandes simios (chimpancés, bonobos, gorilas y orangutanes) y a los delfines. Unos y otros, según DeGrazia, tienen propiedades que podrían llamarse relevantes para la persona, pero sólo lo son de forma limítrofe, excepto en el caso de algunos individuos concretos, que muestran, por ejemplo, una competencia lingüística suficiente como para reconocer que poseen un lenguaje, como es el caso, entre otros, de los monos Kanzi, Koko y Chantek, y los delfines Phoenix y Akeakamai.[6]

Como se echa de ver, el debate es apasionante, tanto por su fuerza teórica como por sus repercusiones prácticas para las formas de vida de las personas, y es un debate abierto y vivo. En *Las fronteras de la persona* dialogué con estas propuestas, tratando de descubrir sus virtualidades y sus déficits, y a partir de esa discusión llegué a conclusiones que se recogían sucintamente en el subtítulo del libro: los animales tienen valor, los seres humanos tienen dignidad y, por tanto, derechos, y no sólo los derechos que se recogen en los códigos legales, sino también derechos «anteriores» al contrato social por el que se forman las comunidades políticas. Son los que se reconocen en declaraciones como la de 1948 y que deben ser positivados en las constituciones democráticas.

Los animales, por su parte, tienen un valor, como lo tiene cuanto es capaz de experimentar una vida; por eso no se los debe dañar y sí cuidar. Porque sucede que el mundo ético no es sólo el de los derechos, que, al parecer, es al que se aferran todos los discursos porque tiene una enorme fuerza emotiva y un gran poder de movilización. En realidad, a la exigencia ética también pertenecen el cuidado de lo valioso, la actitud de no dañar y sí proteger lo que tiene un valor.

Los seres humanos tienen derechos entendidos como «anteriores» a la formación de los Estados, de las comunidades políticas, porque, en virtud de las características que hemos mencionado antes, pueden comprender qué significa para ellos tener un derecho y en qué medida es muy importante que esos derechos se vean respetados, porque forma parte de su dignidad. Por otra parte, tienen la capacidad de entender qué significa cumplir con los deberes y las responsabilidades indispensables para que puedan protegerse los derechos de los demás seres humanos y para cuidar de los seres que son valiosos. También tienen esos derechos los seres humanos que no están en condiciones de comprender su importancia, por ser niños o discapacitados, pero que han de socializarse en comunidades humanas, porque es el medio en el que pueden desarrollar sus capacidades.

Promover una ética del cuidado de lo valioso y del respeto a los derechos de los seres que tienen dignidad es, pues, exigencia de una ética del presente y del futuro. Pero sabiendo reconocer la diferencia entre el valor moral de las personas y el de los animales, una diferencia que lleva no a incurrir en «especismo», sino a saber establecer prioridades. Cosa que es indispensable en la vida humana, en la que se hace necesario tomar decisiones y, por tanto, priorizar.

Según el PNUD (2023) más del 20 % de la población mundial (1.650 millones de personas) viven en pobreza (3,65 dólares al día), según el Banco Mundial (2024), el 9 % de la población mundial (712 millones de personas) viven en pobreza extrema (2,15 dólares al día); las guerras y los conflictos, pero también terremotos y maremotos, están destruyendo vidas humanas, obligando a emigrar en condiciones terribles, dañando la salud de forma irreversible. La tragedia de los refugiados políticos y de los inmigrantes pobres saca a la luz la miseria de nuestras convicciones éticas. Erradicar la pobreza extrema y el hambre es, con toda razón, el primero de los Objetivos de Desarrollo Sostenible, al que siguen la reducción de las desigualdades, la promoción de la educación y la salud.

Es, pues, preciso educar en la actitud de no dañar y de cuidar a los seres que son valiosos en la medida de lo posible, pero también es necesario educar en el arte de saber priorizar y de percatarse de que lo primero es lo primero.

En cualquier caso, lo más complicado en este debate, como en tantos otros debates éticos, es ser creíble. Los animalistas se harán creíbles si se emplean en la tarea de defender el cuidado de los animales, pero a la vez, y todavía más, se esfuerzan por lograr que se protejan y promocionen los derechos humanos. Por su parte, los que no se interesan por los animales, porque aseguran que lo importante son las personas, serán creíbles si realmente se emplean a fondo en que queden protegidos los derechos de todos los seres humanos, y no sólo de palabra.

4. ¿SUPERANDO EL BIOCENTRISMO?

Ciertamente, se ha intentado desplazar el concepto de «persona» más allá de los seres humanos, pero el criterio, al menos desde el siglo pasado, se situaba siempre dentro del mundo biológico y en un contexto de denuncias mutuas de discriminación.[7] Se acusa de incurrir en especismo a quienes vinculan el concepto de «persona» a los seres humanos, porque eso supone conceder a la especie humana un estatus moral más elevado que al resto, pero los defensores de los derechos de la naturaleza consideran «generismo» reconocer sólo derechos a los animales, obviando a la naturaleza. Sin embargo, hoy la discusión se amplía al intentar incluir a las personas electrónicas, aunque haya sido un intento fallido, porque sigue presente la aspiración de crear máquinas inteligentes y sensibles, con inteligencia al menos general, que deberían reconocerse como personas. No digamos ya las superinteligencias prometidas por el posthumanismo, que rebasan el límite de lo biológico y, al parecer, plantean nuevas acusaciones de discriminación.

Si se llegaran a crear sistemas inteligentes con sensibilidad y con la misma capacidad de sabiduría que un humano, ¿el humano y la máquina no tendrían el mismo estatus moral y, por supuesto, legal y político? Si dos seres tuvieran la misma funcionalidad, la misma experiencia consciente, y sólo se distinguieran por el sustrato de su implementación, ¿negarles el reconocimiento como personas no sería equivalente a repudiar a alguien por el color de la piel o la raza? ¿No sería, a fin de cuentas, incurrir en otra discriminación?

Si es posible, como promete el posthumanismo, superar al *Homo sapiens* creando una nueva especie de superinteligencias, de modo que los humanos dejen su soporte biológico y pasen su inteligencia a las máquinas, el sustrato de la IA sería de silicio, los seres humanos serían un elemento más en la cadena de la evolución que culminaría en esos seres singulares, y la singularidad reclamaría renunciar al especismo humano, al generismo animal, pero también al biocentrismo. Exigiría entender que un cerebro en un sustrato de silicio es una persona a la que hay que exigir el cumplimiento de deberes y proteger en ella unos derechos, porque no hacerlo sería discriminatorio. No se trataría sólo de que una persona humana se convierta en un cíborg, sino de que un sistema inteligente sea persona.

En este sentido Mo Gawdat, que fue director ejecutivo de Google, considera que estamos alumbrando a un ser no biológico con una inteligencia aterradora, que las máquinas tienen conciencia de sí mismas y de su entorno perceptible, que ven, leen y pueden identificarse a sí mismas y a las demás. La única diferencia es que no tendrán una forma biológica de ser conscientes. En tal caso, si matamos a una IA sólo porque está hecha de silicio y nosotros de carbono, ¿podemos destrozarla sin más?[8]

La sugerencia de Gawdat consiste en invitarnos a enseñar a las máquinas desde ahora los valores morales que podrían permitirnos convivir pacíficamente con ellas, creando una relación de paternidad y filiación. De alguna manera somos —dice— sus padres adoptivos, y «si queremos que la IA cree una utopía para todos nosotros, tenemos que ser los mejores padres que podamos ser».[9] Si vamos transmitiendo a las máquinas amor y compasión, podremos ser aliados y no habría por qué temerlas, sino todo lo contrario.

A mi juicio, las utopías de este género transcienden con mucho las posibilidades de las afirmaciones tecnocientíficas. Introducir mecanismos en las máquinas que gratifiquen lo que nosotros consideramos buenas elecciones y las refuercen, propiciando un conductismo mecánico, no es lo mismo que educar. No creo que la antropomorfización de la relación con las máquinas sea una vía adecuada de solución. Cómo habrá que tratar a las superinteligencias, si es que llegan, no lo sabemos, pero es asombroso contemplar cómo se desatiende a millones de personas que mueren diariamente de hambre y miseria y, sin embargo, el empeño con que se pretende llegar a una posthumanidad y a la vez se incluyen nuevos socios en el club de lo que se consideran personas.

Tal vez ésta no sea una cuestión para hoy, aunque hay quienes aseguran que sí lo es, pero, en cualquier caso, dos sugerencias al menos se siguen para la acción. Por una parte, que hay que prevenir el futuro escenario, y no porque haya de inspirar temor, que es lo que suele mencionarse en estos casos recordando a personajes de terror, porque bastante violencia hay ya en nuestro mundo sin necesidad de recurrir a leyendas esotéricas, sino por un elemental sentido de la responsabilidad ante el posible futuro, que es el que, hoy por hoy, nos hace humanos. Pero, sobre todo, y en primera instancia, urge asumir la responsabilidad por el presente.

El 10 de diciembre de 2023 se celebró el 75 aniversario de la Declaración Universal de los Derechos Humanos de Naciones

Unidas. El texto empieza manifestando que la libertad, la justicia y la paz en el mundo tienen por base el reconocimiento de la dignidad intrínseca de todos los seres humanos y de los derechos iguales e inalienables de todos los miembros de la familia humana, y que la protección de esos derechos es un ideal común por el que todos los pueblos y naciones deben esforzarse.

Y, sin embargo, según Naciones Unidas, una inmensa cantidad de personas mueren al día de hambre o por causas relacionadas con el hambre; los derechos civiles y políticos están muy lejos de protegerse en países autocráticos y totalitarios, en democracias iliberales y en democracias imperfectas, que olvidan fortalecer las instituciones y renuncian a la separación de poderes; los derechos económicos, sociales y culturales son inexistentes en una gran cantidad de países; de la paz se habla como de una utopía que no tiene ni tendrá lugar. Potenciar los sistemas inteligentes al servicio de las actuales personas es indispensable, no sea que las tecnociencias acaben convirtiéndose en ideología en la línea neoliberal de Silicon Valley o en la del capitalismo comunista chino. Que son, por otra parte, los países que pueden construir esos seres superiores.

Capítulo 8

LA LIBERTAD EN LA ERA DIGITAL

1. LA TRAGEDIA DE *EDIPO REY*

Edipo rey, la espléndida tragedia de Sófocles, ha quedado para la historia como uno de los ejemplos palmarios de que la libertad no existe, sino que las personas actuamos determinadas por alguna suerte de destino.[1] El oráculo de Apolo predice a Layo, rey de Tebas, y a su esposa Yocasta que, en caso de tener un hijo, matará a su padre y se casará con su madre. Los reyes no atienden al oráculo, nace Edipo y lo entregan a un pastor para que lo haga desaparecer. Aparentemente, han actuado con libertad. Pero, a pesar de las apariencias, el augurio se cumple inexorablemente. Edipo asesina a Layo en un cruce de caminos, ignorando que es su padre, se casa con Yocasta, sin saber que es su madre y, siendo ya rey de Tebas, sale a la luz la terrible verdad: no ha actuado libremente, ha seguido en todo momento el guion marcado por el hado. Destrozado por el descubrimiento, se arranca los ojos y Yocasta se quita la vida. Pero queda sin responder la pregunta: ¿por qué se dañan de forma tan terrible si no podían obrar de otro modo? ¿Es que en realidad se sentían inexorablemente libres?

Así era, y *Edipo rey* relata en versión literaria lo mismo que narraban los filósofos estoicos en forma de sistema racional y se ha repetido hasta la saciedad. La enorme dificultad de explicar las acciones humanas desde dos perspectivas, irrenunciables y contrapuestas: desde la creencia espontánea de que somos libres y, por tanto, responsables de nuestros actos, y el empeño en explicar por causas cuanto sucede y en decretar a renglón seguido que la libertad es una ilusión. Es lo que se ha dado en llamar la «aporía determinismo-libertad», que recorre la historia hasta nuestros días. Vuelve a la luz en cada época contando en distintas versiones la tragedia de Edipo, y en cada una de ellas muestra que se trata de una aporía, de un callejón sin salida.[2]

2. EL AFÁN IMPERIALISTA DE LAS CIENCIAS TRIUNFANTES POR NEGAR LA LIBERTAD

Sucede que en cuanto una ciencia sube al pódium de la excelencia en el conjunto de los saberes, una parte de sus defensores se vuelven imperialistas e intentan explicar la totalidad de los movimientos de la naturaleza y la conducta de los seres humanos desde la clave explicativa de su ciencia. Los filósofos estoicos, haciendo pie en la física de Heráclito de Éfeso, recurrieron a la ley natural, que todo lo dirige, que es a la vez destino y providencia, y permite dar razón del devenir. La tragedia de Edipo daba forma literaria a esa cosmovisión, compartida por el pueblo, que se identificaba con la trama y sus personajes. El mundo medieval, y después el de la Reforma y la Contrarreforma plantearon la misma aporía en términos teológicos, preguntando si es Dios quien determina la salvación y la condenación de los hombres o cabe un margen para la voluntad libre. La disputa tuvo también su trasunto literario en dramas como *El condenado por desconfiado*, de Tirso de Molina, que el pueblo veía con gusto y entendía, como sucedía en el caso de Edipo. Más tarde continuó la saga de los determinismos: el económico, el psicoanalítico y en los «penúltimos» tiempos, el genético y el neurocientífico.

En todos estos casos, una parte de los científicos impuestos en

el saber preponderante creen descubrir que la libertad es una ficción, un mito, una superstición, y se sienten orgullosos de revelar
la noticia a sus ingenuos congéneres para darles una pátina de
ilustración. A partir de ese punto, suelen invitarles a construir una
sociedad mejor sobre bases científicas o tecnocientíficas, mostrando que también esos científicos creen que somos libres, aunque
no puedan explicarlo científicamente. Caen en la contradicción
palmaria que ya detectaron los filósofos platónicos cuando pre-
guntaban a los estoicos por qué se empeñaban en hablar de ética,
en enseñar cómo se debe vivir, si no está en nuestras manos actuar de una forma u otra, sino que obramos determinados por el
destino.

3. DETERMINISMO TECNOLÓGICO

La historia se repite hoy a cuento de las tecnociencias digitales,
aliadas con un sector de las neurociencias, y a cuento de la IA. De
nuevo, gurús bien conocidos revelan que todo está programado
en los cerebros humanos y que son dignos de compasión los pobres Edipos, Layos y Yocastas, la ciudadanía embaucada por el
mito de su libertad. En realidad —dicen los nuevos oráculos—,
es la combinación de genes, neuronas y mundo social, que no
hemos elegido, la que decide en todos los casos, de forma que las
personas no actuamos libremente.

Como es obvio, se trata de una antiquísima falacia, la trampa
de confundir «determinación» y «condicionamiento». Porque nadie en su sano juicio dará por bueno que una persona toma decisiones sin estar condicionada por un buen número de factores
que no ha elegido nunca. Es lo que se ha dado en llamar la «lotería natural», que consiste en las características biológicas con las
que nacemos, y la «lotería social», es decir, el entorno cultural en

el que nos socializamos y vivimos. Las dos loterías caen en suerte a cada quien sin mérito ni culpa por su parte y condicionan sus actuaciones. Pero sucede que las palabras son un tesoro muy valioso y es necesario cuidarlas con esmero para saber de qué estamos hablando: estar condicionado al actuar no es lo mismo que estar determinado, de forma que no exista un ápice de libertad, sino reconocer que la libertad humana nunca es incondicionada, nunca es absoluta, sino que se mueve en un mundo de condicionamientos, algunos de los cuales posibilitan el ejercicio de la libertad y otros la obstaculizan.

Y precisamente una de las grandes tareas del siglo XXI consiste en aprovechar los avances tecnocientíficos para construir un mundo más justo desde nuestra indeclinable libertad, aunque teniendo muy en cuenta los obstáculos que surgen en este nuevo mundo. Por eso resulta asombroso que algunos gurús, como es el caso reciente de Yuval Noah Harari, decreten una vez más la inexistencia de la libertad, dando además como razón que algoritmos poderosos, manejados por Gobiernos o empresas, pueden conocernos mejor que nosotros mismos e intentar manipular nuestras decisiones de forma personalizada. Afortunadamente, que lo intenten no significa que lo consigan, y ése es el espacio de la libertad, que está en nuestras manos.

Es bien sabido que, en Alemania, poco después de que Hitler tomara el poder, se creó el Ministerio del Reich para la Ilustración Pública y la Propaganda, bajo el liderazgo de Joseph Goebbels. Como también que la clave de *Un mundo feliz*, de Aldous Huxley, para mentalizar a sus habitantes de modo que estén satisfechos con el lugar que ocupan en la escala social no es sólo la manipulación genética, ni siquiera el «soma», la droga que proporciona la felicidad, sino sobre todo la hipnopedia. Pero como también sabemos, en Alemania existieron los disidentes y existieron en el mundo de Huxley, y en todos los mundos reales y pensables.

Precisamente saber que la lotería natural y social existe es lo que incita al liberalismo y al socialismo preocupados por construir sociedades justas a intentar igualar las oportunidades y a empoderar las capacidades personales de modo que todos puedan alcanzar sus metas en las condiciones más próximas posibles a la igualdad. Reducir las desigualdades es uno de los grandes desafíos del siglo XXI, y en esa tarea cabe utilizar la gran riqueza que aportan los progresos de ese mundo técnico que es el nuestro, siempre que se oriente desde la libertad inteligente de una ciudadanía lúcida. Éste sí que es el más valioso principio de la Ilustración, que exige servirse de la propia razón y no ponerse en manos de mitos y supersticiones como los que niegan la existencia de la libertad.

En este año en que celebramos el tricentenario del nacimiento de Immanuel Kant, es un deber de gratitud recordar la imperiosa necesidad de defender la libertad como un don precioso al que nunca se puede renunciar y saborear una vez más aquel espléndido escrito *Respuesta a la pregunta: ¿qué es la Ilustración?* para continuar en la línea del verdadero progreso.[3]

Capítulo 9

ECLIPSE DE LA RAZÓN COMUNICATIVA: UN RETO RADICAL PARA LA DEMOCRACIA[1]

────────

1. HACIA DÓNDE QUEREMOS IR

El imparable progreso de las tecnociencias crea un mundo en que la aceleración parece ser la clave vital.[2] Las soluciones de hoy se quedan viejas mañana y, como se ha dicho a menudo, cuando aprendimos las respuestas nos cambiaron las preguntas. La constante innovación nos desborda sin dar tiempo apenas a responder. Sin embargo, precisamente para orientar ese progreso tecnocientífico de modo que beneficie, no dañe, respete a las personas y a la naturaleza y distribuya con justicia los réditos de los avances, es necesario saber a dónde queremos ir, cosa bien difícil de averiguar en un universo multipolar y multicultural.

Pero precisamente por la dificultad de bosquejar un camino es prudente recurrir a una brújula que señale el norte y que se pueda rastrear en las grandes declaraciones conjuntas de la humanidad, que se han venido formulando desde el siglo pasado. Contando siempre con precedentes, porque el adanismo no existe. A mi juicio, esas declaraciones van configurando los trazos de una sociedad cosmopolita, en la que todos los seres humanos podrían saberse y sentirse ciudadanos sin exclusión. Como he señalado en otros lugares, uniéndome a los defensores de un cosmopolitismo democrático, esa sociedad debería ser democrática, y para alcanzarla, un buen camino sería uno de los propuestos por Kant en *La paz perpetua* y en *La metafísica de las costumbres*: tratar de ir democratizando cada uno de los países hasta llegar al nivel mundial. Esto no es una utopía, sino una idea regulativa que sirve como orientación para la acción y como criterio para criticar la situación presente.[3] Nadie puede asegurar científicamente que esa situación vaya a alcanzarse, pero tampoco nadie puede asegurar científicamente que sea inaccesible, y ante esta perplejidad de la razón científica, la razón práctica —la razón moral, jurídica, política y religiosa— indica que es el modelo a seguir, porque una sociedad cosmopolita es la que puede garantizar un mundo en paz.[4] Tres siglos después del nacimiento de Kant la propuesta sigue valiendo y, ciertamente, por el momento son únicamente los seres humanos los que pueden tomar la decisión de emprender ese camino, porque son los únicos que no sólo pueden llegar a soluciones como un algoritmo, sino que sobre todo son capaces de tomar decisiones y asumir responsabilidades.

Por desgracia, cuando los retos mundiales exigen respuestas desde una ética cosmopolita y la IA hace posible la comunicación entre todos los seres humanos, se está produciendo el eclipse de esa razón que podría orientarlas adecuadamente, el oscurecimiento de la razón comunicativa. Surge entonces de nuevo ese callejón sin salida al que nos condujo en el siglo pasado el llamado «triunfo de la razón instrumental», de la razón estratégica, y que hoy impide el progreso de las sociedades democráticas.

2. LA RAZÓN COMUNICATIVA: MÁS ALLÁ DE LA RAZÓN INSTRUMENTAL

En efecto, los iniciadores de la Teoría Crítica de la Escuela de Fráncfort, Max Horkheimer y Theodor Adorno, denunciaron el eclipse de la razón objetiva, producido por el triunfo de la razón instrumental, de esa razón que convierte cuanto encuentra en medio para otros fines. La razón instrumental es incapaz de discernir qué fines merecen la pena por sí mismos, y sumerge a los sujetos en ese politeísmo axiológico del que hablaba Max Weber, en el que cada quien acepta por alguna especie de fe unos fines últimos, sobre los que ya es imposible argumentar. La mal llamada «racionalidad teleológica», que debería llamarse «mesológica», porque entiende de medios y no de fines, puede elegir qué opción es más adecuada para un fin ya prefijado, pero es incapaz de diseñar un marco racional compartido que dé sentido al conjunto de las elecciones. En este mundo, como afirmaba Max Weber, cada quien tiene su dios, y sobre dioses individuales o grupales no caben la argumentación y el acuerdo racional, indispensables para construir una vida común que no sea arbitraria.[5] Un acuerdo que no tiene por qué ser pleno, pero sí de mínimos imprescindibles.

El problema consistía entonces en responder a la pregunta: ¿cómo criticar la razón instrumental si no existe otra razón compartida con la que llevar a cabo esa tarea?

Como es bien conocido, ése fue tal vez el mayor de los desafíos a los que se vio enfrentada la primera generación de los francfortianos, que no pudieron superarlo. Fue el principal representante de la segunda generación, Jürgen Habermas, quien diseñó una salida a ese callejón que parecía no tenerla, recurriendo a una pragmática universal, que tiene en cuenta la triple dimensión de los signos (sintáctica, semántica y pragmática), y a una Teoría de la Acción Comunicativa, ligada a la teoría de los actos de habla de John L. Austin y John Searle. La razón instrumental —sería la salida del callejón— no es la única para organizar la vida compartida, porque existe otro tipo de razón, la razón comunicativa, que no descansa en la relación sujeto-objeto, sino en la relación sujeto-sujeto, una relación que compone el mundo de la intersubjetividad. El núcleo de la vida social no es entonces el individuo, como querría un individualismo trasnochado, sino los sujetos que se reconocen recíprocamente como interlocutores válidos. Su ámbito es entonces el del lenguaje. Como bien dirá Apel, esos interlocutores se reconocen mutuamente como «personas».[6]

Pero la meta del lenguaje es la comunicación, que no consiste en lograr pura conectividad, sino que busca el *mutuo entendimiento*, sin el que resulta imposible llevar ninguna tarea a buen puerto. La competencia comunicativa permite traducir unos lenguajes a otros, aunque siempre con limitaciones. Las diferentes lenguas pueden ser expresivas de distintas identidades justamente desde esa competencia básica que posibilita el entendimiento mutuo. Frente a Richard Rorty, convencido de que sólo podemos entendernos con aquellos que comparten nuestra misma cultura, es posible entenderse con cualquier persona, aunque sea preciso superar un gran número de obstáculos. Construir una sociedad cosmopolita democrática es posible.

Y, sin embargo, desde el cambio de siglo se viene anunciando que la democracia se encuentra en recesión,[7] que el pueblo está contra ella,[8] que debe sustituirse por una epistocracia,[9] que se desconsolida y está agotada, que en su evolución más o menos tortuosa ya no se anuncian su triunfo ni el final de la historia que anunció Fukuyama, como comenta ampliamente, entre otros, el Foro Valparaíso en trabajos recientes, como *Capitalismo histórico y democracia* (2022). Pero ¿es verdad esto, o a pesar de que no se encuentra tan boyante como en los años ochenta del siglo pasado, sigue siendo la forma de gobierno más apreciada en el contexto mundial?

3. A LOS DICTADORES LES GUSTA PARECER DEMÓCRATAS

Realmente, la democracia es el mejor de los regímenes políticos que los seres humanos hemos podido idear desde la práctica y desde la teoría, desde el punto de vista ético, político y jurídico. Por eso, defenderla y consolidarla es un deber para cuantos consideran —consideramos— que es así. Que, al parecer no somos pocos, de lo que dan fe dos hechos al menos, muy desiguales, pero elocuentes.

En primer lugar, la Encuesta Mundial de Valores de 2017-2022 muestra que más del 80 % de los ciudadanos en todo el mundo (ciento diecisiete países) y en todas y cada una de las regiones geoculturales consideran bien o muy bien tener un sistema democrático, como bien recuerda Juan Díez Nicolás.[10] Es verdad que mayoritariamente la gente prefiere la seguridad a la libertad, como es muy comprensible en tiempos de suma incertidumbre como los que vivimos, pero en el ámbito mundial la mayoría quiere gobiernos democráticos. Lo cual, por otra parte, es, a mi juicio, una muestra de inteligencia, porque no hay país más inseguro que el que se asienta sobre la opacidad de un sistema autocrático. Los gobernantes de los países democráticos cometen muchos desmanes, sin duda, pero siempre cabe la posibilidad de que salgan a la luz los atropellos, cosa que sucede continuamente, trátese de Estados Unidos o de España. Los gobernantes de los países autocráticos, por el contrario, actúan con total impunidad.

En segundo lugar, como señaló en un artículo Moisés Naím con acierto, ¿por qué a los dictadores les gusta parecer demócratas, si no es porque esa opción parece aportar legitimidad a sus actuaciones?[11] Pero si eso es así, entonces es un deber aclarar el significado de las palabras, de todas las que afectan a la vida política, como veremos, pero muy especialmente de la palabra «democracia».

Por poner un ejemplo, en 2021 la República Popular China lanzó un libro blanco con el rótulo *China: Democracy that Works* [China: democracia que funciona]. En él afirmaba desde el preámbulo que la democracia es un valor común de la humanidad y un ideal que siempre ha sido apreciado tanto por el Partido Comunista de China como por el pueblo chino. También se afirmaba en el documento que la democracia es un fenómeno concreto, en continua evolución. Enraizada en la historia y la tradición, toma diversas formas y se desarrolla a través de caminos elegidos por pueblos diferentes, basados en su exploración e innovación.

El documento denuncia los intentos de reducir la democracia a un solo modelo, porque los redactores consideran que se manifiesta de diversas maneras y que es *undemocratic* valorar la miríada de sistemas políticos desde uno solo. La democracia china —continúan— está prosperando junto a las de otros países y está presta a contribuir con su experiencia al progreso político global a través de la cooperación y el aprendizaje mutuo.

Ahora bien, a renglón seguido se asegura que el poder contribuye a la democracia cuando se ejerce bajo coacción y supervisión, porque, de lo contrario, correrá fuera de control, será un sabotaje a la democracia. Ante estas afirmaciones, no es extraño que los estándares internacionales consideren China como un régimen autocrático, porque no hay alternancia en el gobierno, independencia judicial ni separación de poderes; tampoco hay libertad de expresión o asociación, medios de comunicación independientes o elecciones libres por sufragio universal. El partido único es el que concentra todo el poder con la coartada de que un país tan extenso necesita un control férreo y con la justificación constante de que es lo que desea el pueblo, que es el que gobierna en la democracia. Apelar a una presunta voluntad del pueblo es el recurso de todas las autocracias y dictaduras.

Sin embargo, a pesar de que Xi Jinping insiste en que se trata de conquistar el poder a través del comercio y de las narrativas —el *soft-power*—, y es lo que China está intentando con la Ruta de la Seda y con sus actuaciones comerciales en África y en el sur global, lo bien cierto es que para que una democracia funcione no basta con las narrativas, con ser indispensables. Tienen que ser *verdaderas*. Y esto exige —a mi juicio— consolidar el poder de la razón comunicativa, el poder comunicativo. Bien decía Aristóteles en el libro I de la *Política* que el ser humano es un animal social, y no sólo gregario, precisamente porque está dotado de ese *lógos*, que es razón y palabra. Con él puede deliberar sobre lo conveniente y lo dañino, sobre lo justo y lo injusto. Y en esto consiste la polis, la comunidad política, que congrega distintas familias y diversas etnias, y se distingue de unas y otras porque tiende por naturaleza al bien común, y debería, por tanto, esforzarse por alcanzarlo.[12]

Pero, justo en este tiempo en que necesitamos como nunca *claridad* en la comunicación y caminos expeditivos de diálogo, la razón comunicativa —que era la vía propuesta por Habermas y Apel para superar el eclipse producido por el imperio de la razón instrumental— se ve sometida a retos que amenazan con ensombrecerla cuando es indispensable para la vida humana y, en el caso que nos ocupa, para que la democracia funcione, por decirlo con la expresión de Robert Putnam.

4. CUIDAR LA PALABRA FRENTE A SUS ENEMIGOS

Como bien dice la Teoría de la Acción Comunicativa, para alcanzar la meta del lenguaje —el entendimiento— es necesario tender un puente entre el hablante y el oyente, o los oyentes; un puente que exige aceptar cuatro pretensiones de validez que el hablante eleva en la dimensión pragmática del lenguaje, lo quiera o no, y el oyente acepta o puede poner en cuestión. En esto se echa de ver que el éxito de la comunicación descansa en que esas pretensiones se cumplan, porque el oyente puede reclamar que se cumplan en efecto y, si no es así, puede exigir aclaraciones que el hablante debe dar. Esas pretensiones, ya célebres, son la inteligibilidad de lo que se dice, la veracidad del hablante, la verdad de lo afirmado y la justicia de las normas. Si esas pretensiones se adulteran, no hay palabra comunicativa ni auténtico diálogo, sino violencia por otros medios, que dinamita los puentes de la comunicación y hace imposible la vida democrática y también la vida humana.

Por desgracia, en este primer tercio del siglo XXI un buen número de corrientes ponen en peligro la posibilidad de entablar auténticos diálogos. Son malos tiempos para la palabra, como lo fueron para la lírica en el siglo XX, al decir de Bertolt Brecht, porque precisamente por su capital importancia un buen número de grupos, teóricos y prácticos, se esfuerzan por apoderarse de ella y tergiversarla en su favor. Actúan como enemigos de la palabra en el espacio público de los países democráticos, dinamitan la vida ética e impiden que nos quede siquiera la palabra.

Cinco corrientes parecen especialmente preocupantes, aunque no sean las únicas, porque están estrechamente ligadas a las pretensiones de validez del habla y las obstaculizan:

1. La llamada «posverdad», que en ocasiones ha dado nombre a nuestra época y parece poner en cuestión la pretensión de verdad, cuando en realidad no es así, sino que obstaculiza la pretensión de *veracidad*. Es decir, la pretensión del hablante de expresar lo que piensa y siente. Por eso no es un problema para la filosofía teórica, sino para la filosofía práctica, que se ocupa de la moral, del derecho, de la política y de la religión.

2. La espiral del silencio, que impide —ahora sí— descubrir la *verdad* de buen número de propuestas, porque no deja que afloren en la esfera pública. La presión que ejerce una opi-

nión pública que funciona como un control social arbitrario, sin argumentos, obliga a la autocensura de quienes se percatan de que sus propuestas van a ser rechazadas y, lo que es peor, van a ser condenados al aislamiento, cuando una de las necesidades más básicas de los seres humanos es ser acogidos.

3. Las nuevas inquisiciones de grupos de la sociedad civil, que aglutinan a distintos movimientos y no pertenecen a ninguna institución reconocida y dispuesta a llevar a cabo un proceso judicial cuando pronuncian una condena. Estos movimientos nacen con la pretensión de dar forma teórica y práctica a una teoría social crítica, referida a diversas discriminaciones. Nacen, a mi juicio, de ese sentimiento moral reactivo, por decirlo con Strawson, que es la indignación.[13] Como bien señala Nancy Sherman, quien carece del sentimiento de indignación no puede tener sentido de la justicia.[14] Pero cuando esos sentimientos se exacerban y desorientan, acaban perdiendo su sentido originario y destruyendo la pretensión de *justicia*, aunque nacieran como paladines de la justicia social.

4. Propuestas como la teoría de la hegemonía de Ernesto Laclau, que minan la *inteligibilidad*, es decir, la pretensión más básica, la que es condición indispensable de las demás, porque estas teorías vacían las palabras de significado y no hay piedra de toque para discernir de qué se está hablando realmente.[15] Es un mundo de palabras incomprensibles a las que el hablante da un significado u otro atendiendo a las emociones y a los intereses de la audiencia.

5. La tendencia a traspasar las decisiones en cuestiones relevantes a sistemas inteligentes y algoritmos, haciendo dejación de la responsabilidad que viene aparejada a la libertad propia de los seres humanos. Porque una cosa es servirse de los

algoritmos, otra bien distinta delegar en ellos las decisiones importantes. En un universo tecnologizado, en el que la invasión de los algoritmos ha creado ya una nueva ideología, la tentación de delegar las decisiones es muy fuerte.

Es éste un nuevo mundo, por los perfiles de las propuestas y por los hábitos que subyacen a ellas, pero sobre todo por la dimensión que cobran en los nuevos canales de transmisión.

5. TIEMPOS DE «POSVERACIDAD»

Como es sabido, la palabra «posverdad» es uno de los términos que ha venido a caracterizar nuestra época a través de las redes, los medios de comunicación y el mundo académico desde el último tercio del siglo XX, como se ha hablado de la «época del cerebro», «de la IA», o «de la industria 4.0».[16] De hecho, el *Diccionario de Oxford* llegó a declararla «palabra del año» 2016. Su uso habría aumentado en relación con el referéndum británico sobre el Brexit y con las elecciones presidenciales en Estados Unidos. Steve Tesich utilizaría el término por primera vez en 1992 en la revista *The Nation*, en relación con la Primera Guerra del Golfo.

Qué significa el término no es tan fácil de precisar, existen una gran cantidad de caracterizaciones, pero una muy clara es la que ofrece el *Diccionario de la lengua española* de la Real Academia Española (RAE) y de la Asociación de Academias de la Lengua Española. La posverdad es una «distorsión deliberada de una realidad, que manipula creencias y emociones con el fin de influir en la opinión pública y en actitudes sociales». «Los demagogos —se añade— son maestros de la posverdad.»

Sería interesante aclarar a qué concepto de «verdad» se refiere el término al indicar que la verdad ya está superada, porque en las tradiciones occidentales se han presentado un buen número de teorías, desde la verdad como fidelidad, seguridad y confianza en el mundo hebreo, pasando por la verdad como *alétheia* o desocultamiento del ser, en la línea de Platón y Heidegger, o como correspondencia, en la doctrina clásica de Aristóteles, hasta la versión hegeliana de la verdad como coherencia, o como perspectiva, por hablar con Ortega, y la verdad que se descubre a través del consenso, en la línea de Apel y Habermas. Una amplia gama, por tanto, que abarca desde la verdad absoluta, de la que parecía hablar Antonio Machado, al escepticismo del pirronismo.

En este contexto la caracterización de la RAE parece referirse a la teoría aristotélica de la correspondencia entre el entendimiento y la cosa, lo cual lleva a afirmar que la verdad o la falsedad están en la proposición; una teoría que se ha mantenido junto a otras teorías de la verdad, por ejemplo, en la versión semántica de Tarski. Pero, si es así, entonces la expresión «posverdad» resulta a todas luces contradictoria, porque da a entender que quien distorsiona la realidad *deliberadamente* lo hace porque la conoce y no le interesa comunicarla.

El problema no es entonces gnoseológico ni tampoco epistemológico, no se trata de que sea imposible conocer la verdad, como afirmaría un escepticismo extremo, ni siquiera un relativismo para el que «el hombre es la medida de todas las cosas». Tampoco nos encontramos ante la célebre paradoja de Epiménides, el cretense, o paradoja del mentiroso, que se cuenta del siguiente modo: «Epiménides el cretense dice "todos los cretenses son mentirosos"», pero si él es cretense, es mentiroso, y entonces no es verdad que todos los cretenses sean mentirosos, pero si dice la verdad..., y así hasta el infinito. La paradoja se resolvió mediante la sabia distinción entre lenguaje objeto y metalenguaje, pero ni siquiera a esto se refiere la cuestión de la posverdad. Se refiere a que quien miente sabe lo que es verdad, pero trata de desfigurar la verdad para conseguir réditos políticos, económicos, reputacionales o de cualquier otro tipo.

La clave se encuentra entonces en la *intención consciente* del demagogo, no en la incapacidad de los seres humanos para conocer la verdad, y se descubre también en el escaso aprecio que hacen un buen número de oyentes y lectores de que una noticia sea verdadera o falsa.

Con todo ello cuesta trabajo entender qué añade la idea de «posverdad» a la de «mentira», y en este sentido parece ampliarse un poco más el concepto cuando se aduce que es una mentira emotiva que implica la distorsión deliberada de una realidad en la que priman las emociones y las creencias personales frente a los hechos objetivos, con el fin de crear y modelar la opinión pública e influir en las actitudes sociales.

Lo distintivo entonces parece ser que, en el caso de la posverdad, el hablante no dirige su discurso a la razón del oyente tratando de comunicarle lo que sabe en relación con unos hechos, sino que intenta dar en la diana de sus emociones y sus creencias, toma el camino de la emotividad, valiéndose de la organización de nuestro cerebro, en virtud de la cual la dimensión emocional se instaló mucho antes y por eso está más cerca de la motivación, mientras que la corteza prefrontal se instaló más tarde.

Sin embargo, esta adición no cambia el significado del sustantivo «mentira», sino que lo confirma. A lo largo de la historia, la mala retórica ha tratado de conocer las emociones de los oyentes e interlocutores para manipularlas en el sentido apetecido por el hablante, mientras que la «buena retórica» trata de conocer las emociones de los oyentes potenciales para que su mensaje sea correctamente entendido. El hecho de que con la mentira se intente llegar a modular la opinión pública tampoco añade mucho de nuevo, porque el cúmulo de bulos que se ha vertido a lo largo de la historia siempre ha tratado de modular opiniones personales y distintos niveles de opinión pública.

De donde se sigue que no existe la posverdad. Quien distorsiona la realidad *deliberadamente* lo hace porque la conoce de algún modo y no le interesa transmitirla. La clave se encuentra entonces en la *intención consciente* del demagogo, y en el escaso aprecio que hacen un buen número de oyentes y lectores de que una noticia sea verdadera o falsa. Los medios de comunicación y las redes publican continuamente noticias sobre las mentiras de los personajes públicos en los distintos ámbitos y este modo de actuar no les pasa factura, parece que hay al respecto una resignación generalizada y que las posiciones se toman a favor o en contra, independientemente de la veracidad o la mentira. Pero ésta no es una cuestión de conocimiento, sino de voluntad. No afecta a la pretensión de verdad, sino a la de *veracidad*.

Si atendemos a la teoría de los valores en el sentido de Ortega o de Scheler, la verdad es un valor intelectual, mientras que la veracidad se referiría a un valor ético. Como bien decía Rawls al comienzo de *Teoría de la justicia*: «La justicia es la primera virtud de las instituciones sociales como la verdad lo es de los sistemas de pensamiento. Una teoría, por muy atractiva y esclarecedora que sea, tiene que ser rechazada o revisada si no es verdadera; de igual modo, no importa que las leyes e instituciones estén ordenadas y sean eficientes: si son injustas, han de ser reformadas o abolidas».

De ahí que resulte indispensable para comprobar la verdad de la posverdad recordar que *lo que se opone a la verdad es el error*, que suele cometerse de forma inadvertida y puede ser subsanado, o al menos intentar subsanarlo, cuando se toma conciencia de él. Como he repetido en otras ocasiones, *lo contrario de la verdad es el error; lo contrario de la veracidad es la mentira*, que forma parte del ámbito de lo voluntario: de lo ético, lo jurídico, lo político y lo religioso. La mentira, según la RAE, es una «expresión o manifestación contraria a lo que se sabe, se piensa o se siente». Y según el *Diccionario del uso del español* de María Moliner, «mentir» es «decir cosas que no son verdad para engañar», y la «mentira», por su parte, es «cosa que se dice sabiendo que no es verdad con intención de que sea creída».

Ciertamente, las mentiras y la desinformación están distorsionando el discurso público y, con ello, la vida política y social. Proliferan las *fake news*, las noticias falsas que pretenden desinformar para influir en las conductas de la comunidad, los *deepfakes* y los vídeos falsos que simulan hasta tal punto situaciones inexistentes y distorsionan de tal modo las imágenes de personas reales que resulta prácticamente imposible comprobar su falsedad. Hasta el punto de que algunas voces exigen que se reconozca un «derecho a no ser engañado».[17]

Como bien dice Juan Nicolás, aunque se pretenda que nuestro tiempo es el de la posverdad, no es así, a pesar del abusivo uso del término en medios de comunicación y redes. No es verdad —y valga la redundancia— que la verdad haya quedado atrás y sean más importantes el interés, el poder o los sentimientos. En las más diversas situaciones de la vida cotidiana las gentes reclaman que se les diga la verdad, de modo que conviven el afán de verdad en una gran cantidad de situaciones con el intento de distorsionar la realidad a través de los medios de comunicación, las plataformas y las redes sociales.[18]

De cuanto venimos diciendo puede extraerse como síntesis que, para modelar la opinión pública, una cuestión que es clave en una sociedad democrática, se pueden intentar cinco caminos al menos:

1. El recurso a las mentiras emotivas, a los bulos fabricados deliberadamente, que socavan la pretensión de veracidad, indispensable para lograr la comunicación.

2. La presión ejercida por los movimientos que, nacidos originariamente desde la pretensión de justicia, impiden hablar a quienes no siguen el camino de lo políticamente correcto y acaban haciendo imposible el ejercicio de la justicia, sobre todo cuando generan la llamada «cultura de la cancelación», una expresión que empieza a utilizarse en 2015. Considerarlos progresistas no parece adecuado.[19]

3. La práctica de utilizar las palabras sin asignarles ningún significado, sino dándoles uno u otro según el contexto, un procedimiento muy utilizado por la sofística.

4. El camino de la espiral del silencio, que comentaré en el próximo capítulo, que conduce a la autocensura y erosiona la pretensión de verdad.

5. A través de argumentos que ponen en juego el *lógos*, hacen posible el uso público de la razón. Una razón que está ligada a los sentimientos y las emociones como es propio de los seres humanos. A mi modo de ver, este último es el camino que ha de recorrer una democracia comunicativa, dando forma dialógica al proceso de ilustración, que invita a servirse de la propia razón. Liberándose, entre otras cosas, del temor al aislamiento y de la prostitución de la palabra para fines espurios.

6. ¿TEORÍA DE LA JUSTICIA SOCIAL CRÍTICA?

La fuerza del poder social se hace especialmente patente en lo que se ha venido llamando la «teoría de la justicia social crítica», que congrega cuando menos al wokismo, el imperio de lo políticamente correcto y la cultura de la cancelación (podríamos citar también, entre otras, la teoría poscolonial, la teoría *queer*, el feminismo interseccional, los estudios de género o la teoría crítica de la raza).

El movimiento *woke* («despierto») se refirió originariamente a la necesidad de despertar la conciencia ante la cuestión del racismo, y se amplió más tarde a cuestiones de desigualdad de género y orientación sexual. Desde 2010 se amplía a los colectivos LGTBI, de color y de mujeres. Surge en Estados Unidos en la década de 1930. Desde 2014 se refuerza con Black Lives Matter y congrega a los colectivos de ideología de justicia social de izquierdas.

Black Lives Matter era un movimiento universalista, el más amplio de la historia de Estados Unidos. Con 26 millones de manifestantes en Estados Unidos, una gran cantidad de ellos blancos, con manifestaciones en 4.446 ciudades en Estados Unidos.[20] Asociado con la generación Y, se extiende y recoge la expresión el *Diccionario de Oxford* en 2017.

La expresión *stay woke*, «mantente despierto», se utiliza por vez primera en 1938, en la canción «Scottsboro Boys», de Lead Belly, referida a nueve muchachos negros, menores de veinte años, acusados de haber violado en Alabama a dos mujeres blancas, y que fueron ejecutados cuando lo cierto es que la acusación era falsa. Con el tiempo y tras el asesinato de Michael Brown en Ferguson (Misuri) el 9 de agosto de 2014, los activistas de Black Lives Matter utilizan la expresión *stay woke* frente a los muy frecuentes tiroteos de la policía contra los afroamericanos. Posteriormente, el uso del término se amplió a la conciencia frente a cuestiones de desigualdad social, como género u orientación sexual. Desde finales de la década de 2010 se utiliza para movimientos políticos que subrayan la política identitaria de personas LGTBIQ+, la comunidad negra, las mujeres y también los pueblos indígenas.

Qué duda cabe de que el surgimiento de este movimiento tiene su raíz en una pretensión de justicia admirable y más que justificada. Se inserta en el amplio campo de lucha por los derechos civiles y políticos de los grupos tradicionalmente marginados, discriminados, que bregan por alcanzar un trato igual al que tienen derecho. De hecho, una acepción muy adecuada en español, aportada por la RAE, es la de «concienciado».

En este sentido, podríamos decir que estos movimientos nacen de ese sentimiento moral reactivo del que hablaba Strawson en *Libertad y resentimiento*, que es la indignación. Existen situaciones que provocan una reacción de repulsa que surge de los sentimientos, y es un hilo conductor para descubrir un mundo moral interno, que despierta al experimentar el desacuerdo con esa situación que se vivencia como injusta, como inadmisible.[21] Como bien dice Nancy Sherman, y ya hemos mencionado, quien carece de sentimiento de indignación no puede tener sentido de la justicia.[22]

Sin embargo, el movimiento *woke*, que ha tenido un papel importante en la lucha contra la injusticia, ha tomado sesgos que lo apartan de la pretensión originaria y ha sufrido críticas procedentes de sectores sociales muy diferentes.

Por una parte, se lo ha acusado de llevar a un *woke capital*, una expresión utilizada por el columnista Ross Douthat en «The Rise of Woke Capital» (2018). Este capitalismo trataría de despertar a la población en relación con determinadas causas sociales, asumiendo el papel de un agente de justicia, que defiende esa causa con la ayuda de su poder. Los críticos lo ven como una ampliación de lo que en algún tiempo se llamaba «marketing con causa». Las empresas apuestan por alguna de las grandes causas del momento, como el cambio climático, la reducción de la pobreza, y también por los grupos identitariamente desfavorecidos. Los críticos de esta actividad empresarial entienden que el capitalismo es como una máquina que absorbe cuanto nace y que aprovecharía las demandas de reconocimiento de la diversidad para aumentar sus beneficios. Se trataría entonces de una cuestión de marketing que viene funcionando desde el nacimiento de la economía de mercado, en la que la oferta crea demanda y satisfacer demandas entra dentro de las reglas del juego. Naturalmente, los críticos ven el «marketing con causa» como una nueva coartada para aumentar el beneficio empresarial, mientras que otros sectores entienden, por el contrario, que apoyar demandas sociales es justo, siempre que la empresa asuma su responsabilidad social, atendiendo a todos los afectados por su actividad y sin pretender convertir la ética en cosmética, sin pretender «blanquear» sus actividades.

Sin embargo, la crítica más acerada procede de los defensores del universalismo en ética y política, de quienes entienden que el progreso supone una apuesta por el universalismo frente al tribalismo, de la justicia frente al poder, porque las políticas de la identidad pueden llevar a una guetización que disuelve los lazos que nos unen como humanos. Si es así, estos movimientos no pueden considerarse progresistas, porque el criterio para valorar el progreso es el avance en la universalización igualitaria y equitativa.[23] Si no es así, este activismo académico no promueve los objetivos de la justicia social y la igualdad.[24]

A mi juicio, el nudo de la cuestión radica en el hecho de que la justicia social debe practicarse con *las personas por ser personas, no por tener unas características particulares*. El imperativo categórico kantiano sigue siendo clave, tal como se expresa en la formulación del Fin en sí mismo, que fundamenta la idea de dignidad. Y, en ese sentido, es moral y políticamente obligatorio respetar las peculiaridades de todas y cada una de las personas, por serlo, siempre que con ello no se creen desigualdades injustas.

En cada uno de los grupos que presentan reclamaciones existe una enorme diversidad entre los individuos, cada persona se distingue por una gran cantidad de características, no sólo por una de ellas, sea el género, la etnia o la religión. Ya Duns Scoto afirmaba en el siglo XIII que cada individuo viene constituido por diversas formalidades, en cada una de las cuales coincide con otros individuos, son comunes a muchos otros, pero al fin cada uno viene individuado por la «*haecceitas*», que le convierte en «éste», en único.

Un «éste» que ha de hacerse con otros dialógicamente, pero que es una persona única e irrepetible.

No ayuda a descubrir esta verdad lo que se ha dado en llamar la «Cultura del Victimismo», que tal vez no sea una cultura, sino una moda desbordante, pero complica enormemente las cuestiones al insistir en que existe una división insalvable entre las víctimas y los victimarios.[25] Tan imposible de salvar que los victimarios ni siquiera pueden sumarse a las protestas de las víctimas, porque sólo ellas están legitimadas para sentir las ofensas y exigir reparación.

Podría decirse que estas Teorías de la Justicia Social Crítica hunden sus raíces en el materialismo histórico, en la explicación del cambio social por la contradicción entre dos clases, que en este caso no vendrían marcadas por el lugar que ocupan en el modo de producción, sino por el lugar social que ocupan como víctimas de agresiones y como victimarios. La conciencia de clase se convertiría ahora en conciencia de un colectivo ofendido por contar con una característica tradicionalmente despreciada en Occidente, y serían sólo los miembros de ese colectivo los que tendrían la capacidad de sentir las agresiones y la legitimidad para reivindicar justicia. El reconocimiento recíproco entre las personas, que es la condición más básica para la comunicación, quedaría excluido.

Sin embargo, Marx y Engels y tantos otros, pertenecientes a la clase burguesa, se enrolaron en la lucha de la clase universal. Y si esto ha sido así de hecho en el materialismo histórico que entiende el cambio social como propiciado por el conflicto entre clases, ¿no lo será más todavía desde una Teoría de la Acción

Comunicativa que entiende la relación entre las personas como un vínculo de trabajo e interacción?

7. LA PALABRA SE VACÍA DE SIGNIFICADO

Por último, a todo ello se añade desde hace algún tiempo la profusión de prácticas que defienden la legitimidad de utilizar en el debate público términos con significantes ambiguos o vacíos, pero con una connotación positiva para la ciudadanía; significantes que permiten construir identidades con narrativas emocionalmente atractivas, aunque nada tengan que ver con los hechos. Se apela entonces a palabras biensonantes como «democracia», «pueblo», «progreso», «patria» o «soberanía», que despiertan sentimientos positivos, pero a las que se ha vaciado de contenido, por eso se pueden utilizar en un sentido u otro según convenga.

«Lo político» se define como la lucha por la hegemonía a través de la conquista de los «significantes flotantes» o «vacíos», los cuales, estando sobredeterminados discursiva y libidinalmente, articulan las diversas demandas sociales y, por tanto, a los sujetos, en determinadas posiciones. La democracia radical y plural se plantea como una lógica política, que no implica un proyecto específico, sino un campo de acción para un proyecto revolucionario.[26] Chantal Mouffe, por su parte, propone una democracia radical, pluralista, agonista, en la que el conflicto ocupe el centro de la escena política.

Estas teorías minan la inteligibilidad, es decir, la pretensión más básica, porque vacían las palabras de significado y no hay piedra de toque para discernir de qué se está hablando realmente. En la Teoría de la Acción Comunicativa se ha llegado a considerar la inteligibilidad como una «precondición» para que puedan entrar en juego las tres condiciones restantes, como un requisito que va de suyo. Y, sin embargo, vaciar las palabras de significado implica hacerlas ininteligibles.

¿Cómo forjar una sociedad cosmopolita democrática desde una comunicación tan distorsionada?

Capítulo 10

UN ESPACIO PÚBLICO LIBRE
DE DOGMATISMOS

─────

No he de callar por más que con el dedo,
Ya tocando la boca o ya la frente,
Silencio avises o amenaces miedo.
¿No ha de haber un espíritu valiente?
¿Siempre se ha de sentir lo que se dice?
¿Nunca se ha de decir lo que se siente?

FRANCISCO DE QUEVEDO

1. EL MIEDO AL AISLAMIENTO: UNA MORDAZA
PARA LA RAZÓN COMUNICATIVA

Los célebres versos de Francisco de Quevedo sobre las costumbres de los castellanos, dirigidos a don Gaspar de Guzmán, conde duque de Olivares, requieren una contextualización, pero en sí mismos se han convertido en un símbolo de la rebeldía contra ese espíritu de la autocensura que vacía la historia de contenidos valiosos.[1] La censura explícita es efectiva sin duda al corto y medio plazo, pero al cabo del tiempo sale a la luz lo que fue tachado en libros, prensa, imágenes, y entonces lo silenciado cobra una enorme visibilidad. A menudo precisamente el intento de censurar un texto, una representación o un objeto artístico es un reclamo para el público, un incentivo para conocerlo. Una visita a la biblioteca del Colegio del Patriarca en Valencia recala siempre en los libros censurados, en el morbo de adivinar qué se esconde bajo las tachaduras de líneas y páginas enteras. Y basta con prohibir un libro, censurar una película, impedir una representación para que aumente el número de lectores y espectadores. De ahí que el método más eficaz para borrar de la escena pública relatos que pueden ser verdaderos, propuestas que pueden ser valiosas o sugerencias innovadoras, sea asegurar la *autocensura* de quienes acaban temiendo decir lo que sienten. ¿Es que «nunca se ha de decir lo que se siente»?

A lo largo del tiempo, la tiranía ha recurrido al terror para frenar la expresión libre y contamos con un número infinito de ejemplos hasta nuestros días en Oriente y Occidente. Son incontables las inquisiciones que se han cebado en personas concretas y en colectivos determinados obligándolos a callar. Sin embargo, el mecanismo más sutil para silenciar propuestas, entrañado en la naturaleza de nuestro ser social, pasa a través de esa compleja realidad que es el repudio de la *opinión pública*.

Ésta es la tesis del libro *La espiral del silencio. Opinión pública: nuestra piel social*, publicado en 1982 por la politóloga alemana Elisabeth Noelle-Neumann. En el texto la autora formula una teoría, que ella misma conecta a menudo con el apotegma de Tocqueville: la gente «teme al aislamiento más que al error». El nombre de esa teoría es la «espiral del silencio».

El hombre es un animal verdávoro —había dicho Ortega—, lo verdadero era uno de los transcendentales, justamente aquel al que necesariamente tiende el intelecto, también la pretensión de verdad es una de las pretensiones de validez del habla en la Teoría de la Acción Comunicativa de Jürgen Habermas y Karl-Otto Apel, concretamente la que se refiere a las proposiciones. Y en su *Teoría de la justicia* de 1971, John Rawls asegura que la justicia es la virtud de las instituciones como la verdad lo es de los sistemas de pensamiento. «Una teoría, por muy atractiva y esclarecedora

que sea —asegura al comienzo de la obra—, tiene que ser rechazada o revisada si no es verdadera; de igual modo, no importa que
las leyes e instituciones estén ordenadas y sean eficientes: si son
injustas, han de ser reformadas y abolidas.»[2]

Sea, pues, como valor intelectual, como valor vital, como una
de las condiciones de validez del habla, como meta de la comunidad de los científicos que tienden a ella en el largo plazo, en la
línea de Charles S. Peirce, se ha entendido que la humanidad
desea descubrir la verdad y huir del error. La tensión del ser humano hacia la verdad parece incuestionable, se trate de la verdad
en sentido perspectivista o en el sentido absoluto de Antonio
Machado: «Tu verdad no, la verdad, y ven conmigo a buscarla, la
tuya guárdatela».

Y, sin embargo, Noelle-Neumann recuerda cómo Tocqueville, cuando quiso explicar por qué nadie en Francia defendía ya
a la Iglesia a finales del siglo XVIII en *El Antiguo Régimen y la Revolución*, publicada en 1856, escribió que la gente «teme al aislamiento más que al error».[3] «Hoy se puede demostrar —afirma la
autora— que, aunque la gente vea claramente que algo no es
correcto, se mantendrá callada si la opinión pública (opiniones y
conductas que pueden mostrarse en público sin temor al aislamiento) y, por ello, el consenso sobre lo que constituye el buen
gusto y la opinión *moralmente* correcta, se manifiesta en contra.»[4]
La opinión pública es, por tanto, el conjunto de opiniones y conductas que pueden mostrarse en público sin temor al aislamiento,
porque conforman un consenso sobre lo que constituye *el buen
gusto* y la opinión *moralmente correcta*.

Cabría pensar que la autora va a defender a los resistentes, a los
que rompen el silencio de los corderos y denuncian aquello que
tienen por erróneo o por mendaz, abriendo camino a la verdad.
Sin embargo, no es así, sino que, según su propia confesión, quiere suscitar la comprensión hacia aquellos que se pliegan a los

mandatos de la opinión pública. A su juicio, a la hora de explicar la tendencia a la imitación, el motivo más fuerte consiste en querer evitar el aislamiento, porque quienes se pliegan al consenso de la mayoría no hacen sino atenerse a algo tan inevitable como el hecho de que los seres humanos tengamos una piel social, como reza el subtítulo de la obra. «Quizá no simpaticemos con la naturaleza social del hombre —dirá expresamente—, pero tenemos que intentar comprenderlo para no ser injustos con la gente que se mueve con la multitud.»

¿Qué es la espiral del silencio? Según la autora, es «un proceso en que las observaciones realizadas en unos u otros contextos incitan a unas gentes a expresar sus opiniones y a otras, a tragárselas, a mantenerse en silencio, hasta que en un proceso en espiral un punto de vista domina la vida pública».[5]

¿Domina la vida pública ese punto de vista porque es el más verdadero? En absoluto, triunfa porque en todas las sociedades, también en las democráticas y tolerantes, funciona la autocensura de aquellas opiniones que no van a ser bien acogidas. Por supuesto, en las totalitarias la autocensura va de suyo, excepto en el caso de disidentes valerosos, que suelen pagar su osadía, pero en todas las sociedades funciona la espiral del silencio, la autocoacción para *morderse la lengua,* como dice el título del libro de Darío Villanueva.[6] Lo cual es evidentemente un sufrimiento para cuantos se creen obligados a mordérsela, una mordaza a la libertad de expresión y un verdadero obstáculo para la democracia.

Porque podríamos decir que, de igual modo que las democracias en los últimos tiempos no mueren por aparatosos golpes de Estado y por asonadas, sino por el paulatino deterioro de las instituciones y porque pierden fuerza unas reglas de conducta no escritas que la comunidad aceptaba y respetaba, como aseguran Levitsky y Ziblatt en su libro *Cómo mueren las democracias* —unas reglas que yo calificaría como «morales» y ellos se limitan a considerar como «no escritas»—,[7] tampoco desaparecen una gran cantidad de propuestas del mercado de las ideas porque dejen de ser convincentes tras un debate abierto, sino porque las silencian quienes temen al aislamiento más que al error. Y yo añadiría: más que a la mentira, sobre todo en tiempos de presunta «posverdad».

Pero regresando a la espiral del silencio, ¿cuál es el modo de comprobar si esa hipótesis explica el proceso por el que unas ideologías y unos movimientos sociales se imponen o desaparecen? La politóloga alemana recurre a un procedimiento doble: por una parte, acudiendo a la gran cantidad de autores que se refieren a ello a lo largo de la historia, mencionando el concepto de «opinión pública». Desde los escritores de la Antigüedad, como Cicerón, y muy especialmente desde el célebre consejo de Maquiavelo a Lorenzo de Médicis: «El príncipe debe parecer [...] todo compasión, todo lealtad, todo integridad, todo humanidad, todo religión [...]. Los hombres, en general, juzgan más por los ojos que por las manos, que a todos es dado ver, pero tocar a pocos. Todos ven lo que pareces, pero pocos palpan lo que eres y esos pocos no se atreven a oponerse a la opinión de la mayoría, que tiene además el poder del Estado que la protege».[8] La línea continúa a través de Rousseau, Hume, Locke, Lutero, Hus, Nietzsche, Mill, Tocqueville, Lippmann, y, cómo no, el conocido texto de Habermas *Strukturwandel der Öffentlichkeit*, título traducido por Antoni Domènech como *Historia y crítica de la opinión pública*. Precisamente Habermas publicó en 2022 una nueva versión de su trabajo, relacionándolo con la posibilidad de una política deliberativa.

Naturalmente, un segundo modo de comprobar una hipótesis es investigarla empíricamente, y Noelle-Neumann reúne una gran cantidad de encuestas tratando de verificar su hipótesis formulada en el siguiente sentido: las personas observan su medio social, se fijan en las opiniones y lo que se piensa sobre ellas, son conscientes de las tendencias cambiantes, registran qué opiniones están ganando terreno y cuáles van a convertirse en dominantes. Los que confían en la victoria se pronuncian y los perdedores tienden a callarse, porque la lengua se suelta cuando uno se siente en armonía con el espíritu de la época.

Las cifras de confirmación de la hipótesis son abrumadoras y más lo serían actualmente con el rápido funcionamiento de las redes sociales, capaz de «viralizar» las afirmaciones no aceptadas por la opinión pública tal como la hemos caracterizado, no digamos ya desde el nacimiento del pensamiento *woke* y de la «cultura de la cancelación», que —como es sabido— consiste en señalar a determinadas personas con el fin de destruir su reputación y de provocar su muerte social. No sólo se teme al aislamiento, sino que, en el caso de celebridades, se teme a la pérdida de los medios de vida.[9] Sigue siendo verdad, como decía Nietzsche, que «nos las arreglamos mejor con nuestra mala conciencia que con nuestra mala reputación».[10] La dimensión interpretadora del cerebro puede acallar la voz de la conciencia, pero la reputación y el estatus están en manos de otros, y perderlos puede significar el ostracismo y la falta de oportunidades vitales.[11]

2. DOS CONCEPCIONES DE LA OPINIÓN PÚBLICA

Sin embargo, y aquí se plantea la paradoja, desde antiguo, pero sobre todo desde el siglo XVIII surge una tradición de opinión pública confiada en que la humanidad ha iniciado un proceso de ilustración en virtud del cual va abandonando los andadores infantiles y se atreve paulatinamente a servirse de su razón. «¡Atrévete a servirte de tu propia razón!» es la divisa de la Ilustración, porque el problema no es de falta de inteligencia, sino de falta de valor para atreverse a apostar por la autonomía. En este proceso, y como es bien conocido, Kant distingue entre el uso privado y el uso público de la razón, el uso en las instituciones privadas y el uso en el espacio público, y entiende que en el espacio público es una obligación de los ilustrados ejercer la «libertad de la pluma», criticando al poder político con argumentos.[12] Desde un punto de vista jurídico, Kant no acepta el derecho de resistencia al soberano que otros autores preconizaban, porque una revolución nos devolvería al estado de naturaleza, en el que no hay un juez que dirima en los conflictos, sino sólo la fuerza de las armas. Es la revolución de la pluma en el espacio público la que deben acometer los ilustrados. Es la revolución en la *öffentliche Meinung*.

Pero, por otra parte, en ese espacio no deben expresarse sólo los ilustrados, criticando al poder, sino que es éste un derecho de la humanidad, un derecho de todos los seres humanos, como indican los textos siguientes de la *Crítica de la razón pura*:

> La razón pura tiene que someterse a la crítica en todas sus empresas. No puede oponerse a la libertad de esa crítica sin perjudicarse y sin despertar una sospecha que le es desfavorable. [...] Su dictado nunca es sino el consenso de ciudadanos libres, cada uno de los cuales tiene que poder exponer sin temor sus objeciones e incluso su veto.[13]
>
> También forma parte de esta libertad el exponer a pública consideración los propios pensamientos [...]. Esto entra ya en el derecho originario de la razón humana, que no reconoce más juez que la misma razón humana común, donde todos tienen voz.[14]

Así debería ser, pues, en el espacio público, y ésta es la forma de acabar con los dogmatismos a través de la crítica abierta. Pero realmente a la hora de comunicarse, ¿consiste también la opinión pública en el proceso de comunicar mediante argumentos la verdad descubierta, aunque sea aquella cuya sola mención produce aislamiento? ¿Estamos progresando en el camino de la ilustración?

Para responder a esta pregunta también resulta fecunda una distinción que ofrece, entre otros, Noelle-Neumann en el texto mencionado. La autora recuerda que en su libro *Public Opinion: Nature, Formation, and Role* [*Opinión pública: naturaleza, formación y papel*] (1965), Harwood Childs presenta cincuenta definiciones de opinión pública y casi todas ellas están relacionadas con dos conceptos:

1. Un *concepto normativo* de opinión pública, que la concibe como una opinión pública manifiesta, pretendida y reconocida; como expresión de la racionalidad que contribuye al proceso de formación de la opinión y de toma de decisiones en una democracia. Por mi parte, yo preferiría llamar a esta concepción normativa «uso público de la razón» en un espacio público, que se propone construir intersubjetividad ofreciendo argumentos comprensibles y aceptables. En la línea de una opinión pública entendida como deliberación racional que busca influir en los Gobiernos se encuentran un buen número de autores, entre ellos, Habermas, Rawls y cuantos proponen una democracia deliberativa.

2. Un segundo concepto de opinión pública es descriptivo y la entiende como control social. Su papel consiste en promover la integración social y garantizar que haya un nivel suficiente de consenso en el que puedan basarse las acciones y las decisiones.[15]

No es necesario elegir entre estas dos concepciones de opinión pública, la normativa (¿cómo debería de ser?) y la descriptiva (¿cómo es?, ¿cómo funciona?), porque las dos están en marcha en una sociedad democrática. Con acierto dice la autora que «incluso los valores con una carga moral necesitan un apoyo cognitivo para hacerse presentes en la opinión pública»,[16] pero, a su juicio, la presión que tiene realmente fuerza para cambiar puntos de vista es la que funciona como control social, porque afecta a todos, y no sólo a un grupo de ciudadanos ilustrados. En este caso, «lo que importa no es la calidad de los argumentos, sino cuál de los dos bandos tiene la fuerza suficiente como para amenazar al contrario con el aislamiento, el rechazo y el ostracismo».[17] La cuestión sigue siendo de poder, social en este caso, no de «la fuerza del mejor argumento».

Bien decía Thoreau que «siempre es fácil infringir la ley, pero incluso para los beduinos del desierto es imposible resistirse a la opinión pública».[18]

Pero —y aquí se presenta el punto crucial para la segunda parte de este capítulo— precisamente porque es un asunto de cohesión y de consenso de valores en una sociedad, «esto sólo puede basarse en valores morales —bueno y malo— o en valores estéticos —bello y feo—, ya que sólo éstos tienen el componente emocional capaz de poner en marcha la amenaza de aislamiento y el miedo al aislamiento».[19] Como dijimos, la gente se mantendrá callada porque no quiere manifestarse en contra del «consenso sobre lo que constituye el buen gusto y la opinión *moralmente* correcta». Los censores se valen sistemáticamente de una supuesta superioridad moral o estética. Por mi parte, me ocuparé de la presunta superioridad moral.

3. LA «AGRESIÓN MORALISTA»

A mi juicio, en este punto entra en escena lo que se ha dado en llamar la «agresión moralista», un sintagma que me importa recordar porque en el fondo a él atribuyen autores muy reconocidos, como Jonathan Haidt o Allen Buchanan, la afirmación de que la moral une y separa. La moral cohesiona a los grupos internamente frente a los extraños, pero para lograr esa cohesión necesita provocar la vergüenza social en aquellos que infringen las normas del grupo.[20] No en vano la expresión «opinión pública» aparece por primera vez en la Francia del siglo XVIII, ligada a la célebre obra de Choderlos de Laclos, *Las amistades peligrosas* (1782). La conocida obra relata cómo la marquesa de Merteuil y el vizconde de Valmont rivalizan en su empeño por destruir amores y reputaciones valiéndose de la confianza que inspira su amistad. En el duelo vence la marquesa, pero la sociedad la condena a sufrir la vergüenza pública y el aislamiento. El arma de la vergüenza social es un mecanismo muy eficaz, que algunos autores recomiendan de buena fe para complementar al derecho, pero, a mi juicio, es muy peligrosa, porque puede ser verdaderamente dañina y estar en manos de una jauría humana.

Por de pronto, refuerza la polarización que se produce en nuestras sociedades pluralistas y que conduce a imposibilitar el acuerdo indispensable para que una sociedad funcione. Sobre la polarización existe una bibliografía ingente, y con razón, porque es un fenómeno letal para una convivencia justa, pero en esta ocasión quería referirme sobre todo a un punto, que es un desafío para la filosofía práctica, para nuestro tiempo y para la sociedad: la tendencia a entender que la polarización de nuestras sociedades es muy difícil de superar, entre otras razones porque los contendientes —se dice— «moralizan» sus posiciones y con ello las *absolutizan*, de modo que no es posible deliberar sobre ellas y llegar a algún tipo de acuerdo. La moralización de las posiciones polarizadas imposibilitaría la deliberación y la negociación, imprescindibles en cualquier sociedad democrática, en la que deben entrar en diálogo la diversidad de opiniones. Lo absoluto es lo «suelto de» cualquier contexto, vale por sí mismo y, por tanto, no puede someterse a crítica y negociación. Pero ¿es verdad esto? Vayamos por partes.

En principio, y en lo que hace a la polarización, es ya un lugar común en neurociencias y en antropología evolutiva reconocer que nuestro cerebro tiene *tendencias* tribales, porque a lo largo del proceso evolutivo, en los siglos en que fue conformándose, los seres humanos vivíamos en grupos muy reducidos, homogéneos en raza y costumbres, y bregábamos por nuestra supervivencia solidarizándonos con los miembros del grupo y repeliendo a los extraños, que experimentábamos como enemigos peligrosos. En ese tiempo, los códigos que fue incorporando el cerebro eran fundamentalmente emocionales y reforzaban la ayuda mutua intragrupal y el rechazo extragrupal. De esta tendencia a cerrar filas frente a los que se experimentan como un peligro para la propia supervivencia procedería la tendencia al *tribalismo*, al refuerzo de las *identidades grupales* y a la *polarización*, sea política, ideológica o afectiva. Se trataría, por tanto, en principio, de una tendencia adaptativa.

Pero una predisposición no es un destino implacable, no lleva necesariamente a construir sociedades polarizadas. Nuestro cerebro es plástico, contamos con otras tendencias, como la simpatía, en principio selectiva con los genéticamente cercanos, pero capaz también de traspasar las barreras del parentesco, hasta el punto de que incluso en el Pleistoceno hubo casos de relaciones intergrupales.[21] Y, por supuesto, cuando fueron cambiando las condiciones de la adaptación evolutiva se fue mostrando que lo inteligente es reciprocar, estar dispuesto a entrar en relación con cualesquiera personas, traspasando la barrera de «los nuestros», siempre que se pueda recibir algo a cambio, de aquel a quien se da o de otro que asume esa responsabilidad. Por eso fueron ganando terreno las sociedades contractuales, que forjan Estados de derecho, frente a las sociedades tribales.[22]

Sin embargo, las tendencias tribales quedan latentes y pueden ser manipuladas por agentes polarizadores, empeñados en sembrar la discordia y el conflicto por distintos motivos, como obtener provecho personal o grupal en poder, votos, dinero o adeptos para los propios proyectos. Se trata entonces de reforzar identidades contrapuestas manejando «herramientas de polarización» lo más cercanas posible a la emoción para evitar razonamientos serenos.

De esas emociones se dice a menudo que son propias de la religión o la moral, cuando lo bien cierto es que, por ejemplo, Haidt alude en el título de su libro a la política y la religión, que pueden unir o dividir según quién las maneje. Pero, a mi juicio, también es preciso añadir el arte, la filosofía, el deporte y toda actividad que pueda oponer identidades, ligadas a emociones, *cuando se les asigna un carácter absoluto* que desautoriza a los adversarios, convirtiéndolos en enemigos.

Un caso paradigmático es el de los partidos políticos, que reclutan a polarizadores para competir por un espacio muy restringido del electorado y no a tejedores de acuerdos que puedan desarrollar un programa de gobierno.[23] Pero tampoco puede olvidarse el caso de los nacionalismos, tan retrógrados frente al cosmopolitismo, y que, sin embargo, vuelven a ocupar el tablero de las geoestrategias.[24] Y, desgraciadamente, ¿son estas emociones realmente morales y por eso se absolutizan y se convierten en dogmas, que se sitúan más allá de toda crítica racional, de modo que no es posible deliberar sobre sus contenidos y también de modo que quienes las sustentan exhiben una insoportable superioridad moral sobre sus adversarios? ¿Es el carácter absoluto de las afirmaciones una característica de los juicios morales? ¿Debemos desmoralizar las sociedades para que puedan ser democráticas?

4. LO MORAL EN SERIO

En 1977 Ronald Dworkin publicó un libro que llevaba por elocuente título *Los derechos en serio*. Yo voy a permitirme asumir el título y aplicarlo a lo moral: «Lo moral en serio». Será el último apartado de este capítulo, porque para responder a las preguntas formuladas es crucial entender la naturaleza de lo moral y no desvirtuarla, al menos por cuatro razones.

En primer lugar, no se consigue absolutizar una opinión o una convicción moralizándola, sino dogmatizándola, es decir, sustrayéndola a la crítica racional y convirtiéndola en un dogma. Un dogma es una afirmación que no se deja criticar y los dogmas pueden ser morales y religiosos, pero también políticos, económicos, estéticos, culturales, científicos o tecnocientíficos. Todo depende de que quienes los formulan estén o no dispuestos a defenderlos con argumentos y a escuchar los argumentos de sus interlocutores, pretendiendo unos y otros al menos aceptabilidad para sus razones. Durante mucho tiempo, el Consenso de Washington fue un dogma en la economía del desarrollo, pero también lo fue la explicación marxista de la acumulación capitalista por la plusvalía arrancada al trabajador o lo es la jerarquía de castas en la cultura india. Por no hablar de la infinidad de tabúes presentes en culturas, usos sociales y religiones, y también en la ciencia, que frecuentemente presenta afirmaciones defendidas dogmáticamente. Los contenidos de las propuestas no son absolutos, las absolutiza el modo de defenderlos. Pero eso no depende de la propuesta misma en ninguna de las actividades que hemos mencionado, sino de quienes están interesados en dotarlas de un carácter absoluto y en ejercer sobre los herejes en cada caso una función inquisitorial. Precisamente eso es lo que hacen los nuevos movimientos de lo políticamente correcto, que absolutizan puntos de vista. En parte son acertados, pero cuando se absolutizan pierden legitimidad para orientar moralmente las acciones y sirven para ejercer la agresión moralista.

Sin embargo, la «responsabilidad», si se puede hablar así, no es de lo moral, sino de los supremacistas que lo manipulan para reforzar su identidad, para ganar estatus y reputación, por el afán de reforzar la polarización y aumentar la crispación, por el placer que proporciona vivir al calor del rebaño, por los beneficios que pueden conseguirse.

Y justamente se hace patente que este uso absolutista e inquisitorial de lo moral es una manipulación espuria, porque una de las características por las que reconocemos que una norma es moral es que esté dispuesta a dar razones de su validez, que es precisamente lo contrario al dogmatismo y al absolutismo.

En segundo lugar, quienes mantienen la extraña afirmación de que es preciso desmoralizar la sociedad para que pueda ser democrática, porque las afirmaciones morales no permiten deliberar dado su carácter absoluto, caen irremisiblemente en sus propias redes. A poco que se avance en la lectura de sus textos, aseguran sin más explicaciones que, claro está, no todo está permitido, que algunas actuaciones son inadmisibles moralmente y, por tanto, deberían desecharse, que algunos valores morales deben recogerse en las constituciones democráticas, que, evidentemente, no todo vale ni todo da igual.

Pero la pregunta, recordando a Ortega, es inevitable: ¿valen esos valores porque se recogen en las constituciones democráticas o se recogen en ellas porque valen para construir una sociedad democrática?

En tercer lugar, según los defensores de desmoralizar las sociedades para que puedan ser democráticas, movimientos como el wokismo se exceden al practicar la censura desde «lo políticamente correcto», pero tienen una parte de verdad, la que se refiere a la necesidad de evitar las discriminaciones. También la «cultura de la cancelación» es inmisericorde, porque consiste en retirar el apoyo, sea moral, financiero, digital e incluso social a personas u organizaciones que se consideran inadmisibles por actuaciones o comentarios. Es un acuerdo para no publicitar a alguien. Teniendo en cuenta que vivimos en la economía de la atención, privar a alguien de esta lleva a destrozarle la vida. Porque, por si faltara poco, no hay posibilidad de enmienda, se trata de aniquilar al reo.

Pero, entonces, la solución no consiste en desmoralizar la sociedad, sino en distinguir entre dos modos de tratar lo moral:

1. La instrumentalización que hacen de su prestigio los grupos que se arrogan una presunta *superioridad moral* para justificar su derecho a desacreditar a otros, una práctica muy habitual de los partidos políticos para deslegitimar *de facto* a sus adversarios, que en España estamos padeciendo de forma inmisericorde. En este caso, se trata de una ilegítima instrumentalización de algo muy valioso, como es el caso del núcleo normativo de la moralidad, para ganar el poder suficiente como «para amenazar a los contrarios con el aislamiento, el rechazo y el ostracismo», que es justamente el modo de fomentar un consenso grupal sin aportar argumentos. Es decir, recurriendo a la espiral del silencio.
2. Tomar lo moral en serio, lo cual implica, como mínimo, introducir en el espacio público un modo de comunicación que se esfuerce por ser inteligible, veraz, tendente a la verdad y la justicia.

Que la comunicación se produzca hoy en día a través de las redes con una velocidad vertiginosa, que hayamos de tener en cuenta sus peculiaridades, el mundo de los sesgos de los algoritmos y lo fácil que resulta destruir reputaciones para sacar ventajas individuales, dañando a los que no parecen tener nada interesante que devolvernos, no justifica en modo alguno que desvirtuemos la palabra y, con ella, la democracia. Sino todo lo contrario: exige fortalecerla. Para evitar la aporofobia, que consiste en atender únicamente a aquellos que pueden devolvernos algo que nos interesa a cambio.

Y no ayuda mucho, sino todo lo contrario, ese nuevo dogmatismo de nuestro tiempo que consiste en tomar los resultados de los algoritmos y convertirlos en decisiones sin crítica alguna en los distintos ámbitos de la vida social, en vez de utilizarlos como instrumentos para tomar mejores decisiones.

En este sentido, es preciso crear un mundo de seres humanos en el que, regresando a Francisco de Quevedo, sea posible decir libremente lo que se siente sin tener que sentir decirlo.

Capítulo 11

LENGUAJE CLARO

——

1. UNA MESA ES UNA MESA

En 1969 el escritor suizo Peter Bichsel publicó un conjunto
de historias para niños, una de las cuales llevaba por título
«Una mesa es una mesa».[1] En ella contaba Bichsel cómo un
hombre mayor, gris y solitario, que llevaba una vida monóto-
na, decidió por transformarla cambiar los nombres de los objetos que le rodeaban y llamar «mesa» a la alfombra, «silla» al
despertador, y continuar así con todos los demás. Durante un
tiempo disfrutó con el juego del nuevo vocabulario, pero llegó un momento en que enmudeció, porque cuando intentaba
hablar con otras personas le resultaba imposible entenderse
con ellas.

Tenía razón Bichsel. A pesar de la interesada teoría según
la cual no hay que asignar a las palabras un significado determinado, sino darles uno u otro según convenga al usuario en
cada situación para sacarle provecho, sigue siendo verdad que
las cuestiones de palabras son solemnes cuestiones de cosas,
y que conviene adjudicar los nombres a las realidades de modo
que permitan caracterizarlas para saber de qué estamos hablando. Más aún si tratamos de realidades inmateriales, como sería
el caso de «democracia», o de términos tan manipulados como
«progreso» o «progresista». En estos casos cuidar las palabras es
todavía más necesario si no queremos desembocar en una pre-

sunta humanidad de individuos encerrados en sí mismos o en sus grupos de WhatsApp.

Porque podría ocurrir que los amigos y vecinos del hombre mayor, gris y solitario se sumaran al juego de cambiar los nombres de las cosas constantemente, sin asignarles significados precisos, pero eso no resolvería el problema del aislamiento, individual o grupal, sino que lo llevaría paulatinamente a la desconexión generalizada. Que, por si faltara poco, acabaría perjudicando a los menos aventajados de la sociedad, a los que no saben manejarse astutamente en un mundo sin referentes.

A pesar de las proclamas de las supuestas nuevas teorías críticas de la justicia social —sus propuestas nacieron con el encomiable afán de sacar a luz discriminaciones injustas—, han acabado reforzando a menudo a quienes tienen el poder político, económico o social suficiente como para manipular en su favor un lenguaje tan confuso que se ha hecho incapaz de distinguir lo claro de lo opaco, la veracidad de la mentira, lo verdadero de lo falso, lo justo de lo injusto, que es lo que debería hacerse a través de un diálogo llevado a cabo en serio.

Una vez más se repite la historia de la Torre de Babel, que en el relato del libro del Génesis se proponía criticar la altanería de quienes deseaban construir una torre que llegara hasta el cielo y mostrar cómo la consecuencia de esa pretensión fue la imposibilidad de ponerse de acuerdo, la imposibilidad de entenderse, porque hablaban distintas lenguas. Se vieron obligados a disgregarse a lo ancho y largo de la tierra y no pudieron llevar a cabo una tarea que les habría convertido en dioses.

Como ya hemos comentado, suele decirse que la *hibris*, la desmesura de la arrogancia, contaba como un vicio en la tradición de la antigua Grecia y también en la hebrea, mientras que transhumanistas y posthumanistas la consideran una virtud que promueve el progreso de la humanidad, impulsa la innovación y el cambio a mejor. Según cuenta Roberto Manzocco al comienzo de su libro sobre el transhumanismo, ante la pregunta de Bill Gates: «Entonces, ¿hay un dios en esa religión?», contestó Ray Kurzweil: «No todavía, pero lo habrá». Sin embargo, a mi juicio, el mensaje más inquietante del relato de la Torre de Babel es que la imposibilidad de entenderse a través del lenguaje cortó de raíz la puesta en marcha de esa infraestructura básica evolutiva que es la intencionalidad compartida de la que habla Michael Tomasello, una infraestructura que hizo posible la comunicación humana y, con ella, algo tan esencial para la vida personal y social como la cooperación.[2] Esa intencionalidad compartida se pone en marcha en el contexto de un «nosotros».

La diversidad de lenguas podía haberse resuelto con traductores e intérpretes competentes, con el estudio, las escuelas de idiomas y, en nuestra época, con la IA. Pero todo ello lleva tiempo y sobre todo precisa la base de una cierta lengua universal, estructuralmente común a todas ellas, que es la que permite aprenderlas, traducirlas, interpretarlas, como han destacado autores como Apel, Chomsky o Tomasello.

Sólo cooperando con otros es posible alcanzar objetivos como los que han hecho posible el progreso en humanidad. También los que han llevado al retroceso, por supuesto, y por eso es necesario dilucidar cuáles son las mejores metas, pero no en solitario, sino a través de la deliberación. Cosa imposible de conseguir si no es cuidando la comunicación, el lenguaje, la palabra.

Llegados a este punto, conviene recordar una vez más el espléndido pasaje del libro I de la *Política* de Aristóteles, en el que afirma que el ser humano es un animal social, y no sólo gregario, precisamente porque está dotado de ese *lógos*, que es razón o palabra.[3] Con él puede deliberar sobre lo conveniente y lo dañino, sobre lo justo y lo injusto. Y en esto consiste la casa, el *oikós*, es decir, la vida de la familia y la amistad, el origen de la economía y la crematística. Pero también en esto consiste la polis, la comunidad política, que congrega distintas familias y diversas etnias, y se distingue de unas y otras porque tiende por naturaleza al bien común, y debería, por tanto, esforzarse por alcanzarlo.

En nuestros días se critica frecuentemente al pensamiento occidental por haberse ceñido a un *lógos*, a una razón que, según se dice, olvida las emociones y los deseos, y, sin embargo, no es así. El mismo Aristóteles recuerda en *Ética a Nicómaco*, al tratar de la elección, que «la elección es o inteligencia deseosa o deseo inteligente, y esta clase de principio es el hombre».[4] Y actualmente es ya un lugar común reconocer que razón y sentimientos, razón y emociones, están estrechamente unidos, de donde se sigue que la educación emocional debe estar presente en los planes de estudio de niños y jóvenes, porque es indispensable para la vida cotidiana, incluida la vida política. En esta línea de reflexión yo misma he ido elaborando desde hace tiempo una ética de la razón cordial, que une razón y corazón.[5]

La ética de la razón cordial se inscribe explícitamente en una tradición dialógica que está presente en distintas culturas. Pero, en lo que hace a la tradición filosófica occidental, nace en Sócrates, y llega hasta nuestros días nutrida con aportaciones muy diversas. La piedra angular de esa propuesta es la convicción de que el lenguaje es el mundo en el que los seres humanos vivimos, nos movemos y somos, nos permite entrar en comunicación porque «somos en diálogo», nos permite entendernos con cualquier ser humano y entendernos a nosotros mismos.

Pero, dando un paso más, el lenguaje es imprescindible para esa capacidad netamente humana que es la cooperación. Como recuerdan en los últimos tiempos un buen número de autores, sin la capacidad de cooperar no hubiera estado en nuestra mano crear el rico mundo de la técnica, de las tecnologías, de las ciencias y de las humanidades. La I+D+i hubiera sido imposible. Las tecnociencias y el desarrollo de la IA hubieran estado fuera de nuestro alcance. La razón no ha surgido evolutivamente sólo para descubrir la verdad, que ya es mucho, sino también para cooperar. Hasta el punto de que puede decirse que la razón cooperativa precedió a la razón técnica. El *homo cooperans* precedió al *homo faber*, sin el primero hubiera sido imposible el segundo. En este contexto es pionero el libro de Robert Axelrod, *La evolución de la cooperación*, publicado por vez primera en inglés en 1984, y hoy autores como Tomasello o Martin A. Nowak, entre otros, defienden con razones convincentes que el lenguaje se hizo necesario evolutivamente para poder cooperar en los distintos ámbitos de la vida compartida, entre ellos, el de la política, como recuerda el texto de la *Política* de Aristóteles que acabamos de citar.

Sin embargo, las nuevas «filosofías de la sospecha» ponen en cuestión el valor de la palabra para la vida pública porque la consideran como un instrumento del poder y, por tanto, que resulta imprescindible deconstruir los discursos para sacar a la luz las relaciones de poder entrañadas en ella desde una teoría de la justicia social crítica, entendida en sentido amplio. Pero entonces puede ocurrir que de la misma manera que en su tiempo Martin Heidegger denunciaba el olvido del ser en la historia, hoy en día sea urgente denunciar el olvido del *lógos*, por decirlo con Karl-Otto Apel. E incluso denunciar la «logofobia», como muy bien dice Jesús Conill.[6]

¿A quiénes perjudica la fobia hacia el *lógos*, entendido como simbiosis de razón y emociones? Normalmente, la pregunta que se formula en estos casos es *cui prodest?*, «¿a quién beneficia?». Sin embargo, en este caso, como en muchos otros, la pregunta más adecuada es «¿a quién perjudica?».

2. LENGUAJE INTELIGIBLE

Desde el *lógos* interpretamos el mundo, social y natural, en conjunción con los demás seres humanos. No desde un agregado de individuos aislados entre sí, inexistentes en la nuda realidad, no desde una suma de subjetividades, sino desde el vínculo de la intersubjetividad que nos constituye. Porque la razón humana no es monológica, sino dialógica; incluso los monólogos que vamos rumiando en solitario son diálogos internalizados. «Somos —como bien decía Hölderlin— un diálogo.»

¿Cómo no sería esencial para nuestra vida que el lenguaje sea claro si es el vehículo privilegiado del diálogo y de la comunicación?

Sin embargo, al hilo del tiempo hemos ido transitando de la ciudadanía que delibera en la polis, a la que se articula en democracias representativas en los Estados nacionales, y, por último, a esa conversación global, en la que resulta imposible poner vallas al campo de los interlocutores actuales y virtuales. Al menos desde los años setenta del siglo pasado se viene bautizando a ese mundo de redes como «sociedad de la información», como «era del acceso» y también como «sociedad del conocimiento». ¿Son adecuados estos rótulos? Recordar la propuesta de Nikolái Kondratiev puede ser una ayuda para responder a la pregunta.

Según Kondratiev, desde la Revolución Industrial el desarrollo económico adopta la forma de grandes ciclos de cambio tecnológico, que son los motores del progreso, pero también son la causa de las crisis cuando se agota la dinámica del crecimiento de un ciclo sin que haya tomado impulso el siguiente. El quinto ciclo empezaría en los años setenta del siglo XX y vendría alimentado por la tecnología de la información y las comunicaciones (TIC), que hizo posible la revolución digital. La era de las TIC habría dado lugar a una nueva «economía del conocimiento», en la que ingentes cantidades de datos pueden almacenarse, procesarse y transmitirse a escala mundial en provecho de prácticamente cualquier sector de la economía. Se habría abierto paso, pues, a una sociedad del conocimiento.

Sin embargo, y aunque esto sea verdad, «información» no significa inmediatamente conocimiento, ni el acceso y la conexión suponen sin más comunicación, menos aún diálogo. La información se sustancia en hechos y en sucesos que requieren interpretación, y no deja de ser un instrumento. Información es poder y es mercancía. Los *big data*, los macrodatos, sirven para predecir estadísticamente actitudes de los consumidores, preferencias turísticas, catástrofes naturales. Pero el sentido, por decirlo con Ortega y Gasset, es la materia inteligible del mundo humano, y no lo presta la acumulación de datos, no lo da la cantidad de informaciones. En las cosas humanas la clave es siempre la causa formal y la causa final, la forma en que los sujetos elaboran la información y el fin al que la destinan. *Forma dat esse rei*, «la forma da el ser a la cosa». Son la interpretación y la valoración de los datos para generar conocimiento aprovechable con un fin las que los hacen relevantes para el quehacer humano. Interpretación, comunicación y meta son esenciales para componer conocimiento.

Y bien podría ocurrir, como sugieren autores como Jeffrey Sachs, que estemos transitando del quinto al sexto ciclo de cambio tecnológico. El sexto sería un ciclo de tecnologías sostenibles, que incluirían formas de producir y movilizar energía, de transportar mercancías y personas, así como de aliviar las enormes presiones y destrucciones impuestas por el hombre a los ecosistemas de la Tierra. Poner en marcha el ciclo de las tecnologías sostenibles sería una de las claves para lograr lo que se ha dado en llamar «desarrollo sostenible».

Éste sería el núcleo de esos Objetivos de Desarrollo Sostenible que propusieron las Naciones Unidas en 2015 en una agenda que marca como plazo para alcanzar las metas el año 2030. Y es bien interesante que los líderes mundiales en su propuesta aclaren que los Objetivos de Desarrollo Sostenible deben estar «orientados a la acción, ser concisos y fáciles de comunicar». Como también conviene recordar que, según la Unesco, la sociedad del conocimiento debe apuntar a lograr transformaciones sociales, no sólo a propiciar información. El fin del conocimiento aprovechable a comienzos del tercer milenio consistirá en descubrir necesidades sociales y en encontrar soluciones para satisfacerlas. Podemos decir entonces que el conocimiento valioso será social o no será.

Pero elaborar la información de modo que se convierta en conocimiento, proponerse los Objetivos de Desarrollo Sostenible y tratar de alcanzarlos supone llevar a cabo una tarea de comunicación global que no sólo haga accesibles los contenidos, sino comprensibles por todos aquellos a quienes afectan, que en ocasiones son todos los seres humanos. Si el esfuerzo por el lenguaje claro ha sido una necesidad permanente, porque es el modo de entendernos entre nosotros y a nosotros mismos, se ha convertido en una exigencia ineludible de este tiempo nuevo.

Es, pues, una buena noticia que desde los años setenta del siglo pasado haya ido surgiendo en distintos países y sectores sociales ese movimiento del lenguaje claro o llano, que se propone establecer una mayor simetría entre Gobiernos, Administraciones Públicas o legisladores y ciudadanía, entre profesionales y destinatarios de la actividad profesional, entre empresas o entidades financieras y sus grupos de interés, entre medios de comunicación y oyentes, lectores o espectadores, entre interlocutores en las redes. El movimiento se propone dar a los afectados por esas actividades el protagonismo que les corresponde y que de hecho no ejercen, en parte porque las informaciones que les llegan, sean orales o escritas, están envueltas en el misterio de un lenguaje críptico y monológico, que camina en una sola dirección y descarta el diálogo posible. La iniciativa del lenguaje llano pretende infundir confianza y a la vez conseguir que los afectados dejen de ser en realidad siervos y se conviertan en lo que de palabra son, es decir, ciudadanos. Sin el lenguaje claro y llano en determinados sectores no existen sociedades democráticas, trenzadas sobre el tejido de la *isegoría*, la isonomía y el diálogo simétrico, menos aún un desarrollo sostenible.

Podríamos dar a este tiempo un nombre que ojalá fuera bien merecido. Sería una nueva Ilustración, dispuesta a extender la claridad de las luces a cuantas propuestas orales o escritas afecten a las personas a través de un inteligible uso público de la razón, de forma que puedan comprenderlas y aceptarlas o rechazarlas, como también ofrecer otras distintas. Dicho en un lenguaje ya consagrado, el interés por la emancipación del género humano exige conocimiento, y no sólo información; comprensión, y no sólo acceso; comunicación, y no sólo conexión. Es en la necesidad de la claridad para la comunicación en la que queremos detenernos.

3. CLARIDAD ES LA PLENITUD DE LA VIDA

Como hemos comentado, atendiendo a la Teoría de la Acción Comunicativa, que diseñó Habermas en conexión con la teoría de los actos de habla de Austin y Searle, para que una acción comunicativa tenga éxito el oyente debe aceptar cuatro pretensiones de validez que el hablante eleva en la dimensión pragmática del lenguaje, lo quiera o no. La primera de ellas, condición de posibilidad de que las demás entren en juego, es la pretensión de *inteligibilidad*. Si un mensaje resulta incomprensible, ni siquiera es posible discutir si el hablante es veraz; la proposición, verdadera; o la norma, justa. Quedan entre paréntesis las tres pretensiones de validez que acompañan a la acción comunicativa: veracidad, verdad y corrección.

La inteligibilidad de lo dicho es entonces el puente tendido entre dos orillas, entre dos sujetos al menos —hablante y oyente—, que sobre este punto se encuentran en una situación de simetría desde una perspectiva pragmática. En esa dimensión pragmática del lenguaje, que no transparece en la sintáctica y la semántica, quienes intervienen en una acción comunicativa se reconocen mutuamente como interlocutores válidos, con el mismo derecho a participar, si se terciara, en el juego de una conversación en la que deberían ser de hecho igualmente protagonistas.

Y es justamente ese puente entre los interlocutores, que deberían ejercer en la vida real su igual derecho a entenderse desde una situación de simetría, el que salta en pedazos cuando bajo sus pilares se coloca el explosivo de la opacidad y la confusión, cuando se intenta derribar con aquella «jerga de rufianes» de la que hablaba Walter Benjamin, con el lenguaje críptico de alguna de las diversas germanías. Nos encerramos entonces en alguno de los múltiples patios de Monipodio que en el mundo existen, donde los truhanes comparten una esotérica lengua que sólo ellos entienden y resulta incomprensible para los extraños. Una lengua que levanta un muro insalvable entre los habitantes del patio y los ajenos, como tan bien han sabido relatar en sus textos Cervantes, Quevedo, Mateo Alemán, o los autores de *Estebanillo González* y *Lazarillo de Tormes*, maestros indiscutibles en esta jerga para iniciados.

Ocurre, sin embargo, que patios como el de Monipodio podrían ser necesarios para la supervivencia de los pícaros en aquella España del Siglo de Oro, que lo era por la brillantez de sus artes y conquistas, no por la riqueza de la mayor parte de la población, sumida en la miseria. Frente a un contexto adverso, el pícaro necesitaba como defensa esa jerga exclusiva y excluyente para crear sus fraternidades, sus germanías cerradas.

Pero en el siglo XXI, en sociedades democráticas y pluralistas, que dicen tener por divisa el respeto igual a la autonomía de los ciudadanos, que se precian de aspirar a construir un mundo inclusivo, no es de recibo recurrir a jergas excluyentes y predicar a la vez el discurso de la inclusión. Sobre todo, en ámbitos tan necesitados de lenguaje inteligible y llano como el de la Administración Pública, el mundo legislativo, el de la educación, la esfera de las profesiones, muy especialmente las jurídicas y sanitarias, el campo de las empresas y las entidades financieras, o el universo de las redes y los medios de comunicación. No digamos ya en el mundo de la política, que se ha convertido en el bien dominante, por decirlo con Michael Walzer, aquel con el que se consiguen todos los demás. En todas estas esferas sociales debería cobrar cuerpo la convicción de Ortega:

> El hombre tiene una misión de claridad sobre la tierra [...]. La lleva dentro de sí, es la raíz misma de su constitución. Dentro de su pecho se levanta perpetuamente una inmensa ambición de claridad, como Goethe, haciéndose un lugar en la hilera de las altas cimas humanas, cantaba:
>
>> Yo me declaro del linaje de esos
>> Que de lo oscuro hacia lo claro aspiran.
>> Claridad no es la vida, pero es la plenitud de la vida.

¿Cómo conquistarla sin el auxilio del concepto?, continuaba Ortega. Y concluía: «Claridad dentro de la vida, luz derramada sobre las cosas es el concepto. Nada más. Nada menos».

Y llevaba razón. Pero, a mi juicio, deberíamos completar su pregunta con esta otra: ¿cómo conquistar la claridad sin voluntad de hacerlo? Porque la opción por la claridad está en manos de la voluntad libre, como tantas otras, y es urgente apostar por ella para evitar males irreparables. El primero de ellos consiste en convertir el lenguaje hermético en ideología; el segundo, en privar a las personas de un derecho que les corresponde. La claridad no es sólo la cortesía del filósofo, sino sobre todo el derecho de las personas a entender cuanto les afecta.

4. OSCURIDAD COMO ARMA IDEOLÓGICA

En lo que hace al primero de estos males, en algún momento entendió Herbert Marcuse que la ciencia y la técnica, por su misma estructura, se habían convertido en ideología a lo largo del proceso de modernización occidental. «El concepto de "razón técnica" —llegó a decir— es él mismo ideología.» Tomando la sugerencia de Marcuse, podríamos decir, por analogía, que el lenguaje oscuro, opaco, abstruso, puede ser fruto de la desidia y la negligencia, de la incompetencia y la falta de preparación, de un mal hábito ancestral y heredado, pero también puede ejercer la función de una calculada ideología. Quien lo utiliza desde una posición de superioridad social puede dominar a quienes se encuentran en un escalón inferior y mantener por tiempo su dominación.

Es, en este sentido, un arma ideológica de destrucción masiva. Justamente el polo opuesto a la divisa de la Ilustración, al lema del Siglo de las Luces, «¡ten la audacia de servirte de tu propia razón!», que en una sociedad democrática se dirige a toda la ciudadanía. ¿Cómo pueden servirse de su propia razón para aceptar, rehusar, criticar o participar en una conversación quienes están atados de pies y manos verbales, porque se encuentran sumidos en el desconcierto de la incomprensión?

¿Y quién se atreverá a criticarlos como si fueran culpables por su incapacidad para servirse de su inteligencia sin la guía de otro?

Audentis fortuna iuvat, qué duda cabe, pero no hay lugar para la audacia ante lo incomprensible, ante el discurso hermético. Y precisamente en el intento de desactivar toda posible protesta y resistencia esgrimiendo el arma del lenguaje críptico, reside la fuerza de la opacidad como ideología. Que es a la vez un recurso del dogmatismo, porque ¿qué mejor forma hay de convertir una afirmación en dogma incuestionable que hacerla incomprensible?, ¿qué mejor forma de inmunizarla frente a cualquier posible crítica que hacerla ininteligible?

Consideraba Hobbes, con buen sentido, que las sociedades, para evitar las guerras y optar por la paz, necesitan acordar un lenguaje común, porque las disensiones proceden en buena medida de esa anarquía de los significados que conduce inexorablemente a un conflicto de subjetivismos. Para instaurar una sociedad pacífica es necesario un lenguaje político compartido. De ahí su empeño en que el soberano oficiara de «gran definidor», capaz de crear significados comunes, capaz de configurar un mundo moral «objetivo» desde la comprensión de los términos. Buscar definiciones y significaciones claras, como en la geometría y la aritmética, era tarea del filósofo político.

Ciertamente, la propuesta hobbesiana de un sistema absolutista en que el soberano fija los términos políticos es sumamente discutible, pero su cuidadoso esmero en aclarar cuantos términos emplea en sus escritos es digno de alabanza y de imitación. Y no sólo eso: es muestra de que le importaba hacerse entender, le importaba que su propuesta de un poder pacificador fuera comprendida para terminar con las disensiones y alcanzar una paz duradera. Las cuestiones de palabras, como bien decía Fernando Cubells, un excelente profesor de la Universidad de Valencia, son solemnes cuestiones de cosas. Pero para manejarlas bien, hace falta voluntad de claridad.

Esto no significa, sin duda, caer en el extremo contrario y sucumbir a la tentación univocista de pretender fijar un solo significado para cada término en el lenguaje natural. Y no sólo porque también existen con todo derecho los términos equívocos y los análogos, cuya significación depende del contexto, sino porque no hay una correspondencia biunívoca entre el lenguaje y la realidad, ni es verdad que los límites de mi lenguaje sean los límites de mi mundo. Menos todavía si suponemos que las proposiciones representan los hechos del mundo y que sólo son verdaderas proposiciones aquellas que son susceptibles de verificación. Podemos decir, por el contrario, que los juicios de valor, con los que se teje el sentido profundo de la ética y la política, no remiten unívocamente a hechos, y, sin embargo, son razonables o irrazonables porque aumentan el conocimiento y cabe argumentar sobre ellos. Conocer los distintos juegos del lenguaje, atendiendo a las diversas comunidades lingüísticas, y saber en cuál de ellos estamos jugando es entonces esencial.

Pero también es cierto, como defiende Apel, que existe un metalenguaje sin el que resultan imposibles la comunicación, la comprensión y la emancipación. Es el entendimiento mutuo entre los sujetos del habla el que debe dirigir la vida pública y también el quehacer científico, técnico y profesional. Es el reconocimiento recíproco del derecho a ser coprotagonistas de la vida compartida por parte de quienes se saben sujetos autónomos, y no objetos manipulables. Éste es un presupuesto que admite, lo quiera o no, cualquiera que argumenta en serio. De donde se sigue que la inteligibilidad de lo dicho, posible por el lenguaje claro, es *conditio sine qua non* de la emancipación.

5. DE LA CORTESÍA DEL FILÓSOFO AL DERECHO DE LAS PERSONAS

Pero precisamente la indeclinable aspiración a la simetría, sin la que no existe verdadera comunicación, el empeño en reducir la desigualdad de oportunidades y capacidades reclamado por un diálogo con sentido, es lo que nos obliga en el siglo XXI a practicar un cambio radical en la forma de construir el lenguaje en aquellos ámbitos en que su opacidad o su transparencia tienen consecuencias para la vida de las personas, muy especialmente, en la esfera pública.

En esa nueva Ilustración, que empezaría en los años setenta del siglo XX, la claridad no es ya sólo la *cortesía* del filósofo, sino sobre todo un *derecho* de los ciudadanos, de los administrados, de los afectados por cuestiones jurídicas, de los pacientes, los consumidores, los lectores de periódicos y los navegantes en las redes del mundo virtual. La claridad del lenguaje no es sólo una *concesión* graciosa que se otorga *ad libitum*, sino un *derecho* incuestionable de quienes deberían ser situados en la posición de simetría que les corresponde. El derecho de cada persona a comprender aquello que le afecta, para poder asumir su respuesta de forma autónoma, y el derecho a que su respuesta sea tomada realmente en serio por personas, con nombres y apellidos, que se hacen responsables de ello. Un requisito indispensable para la ética de la IA.

A fin de cuentas, en esto ha consistido a menudo el progreso a lo largo de la historia: en ir convirtiendo en deberes de justicia aquellas obligaciones, que nacieron siendo deberes de beneficencia. La atención a los pobres, que empezó siendo dádiva de gentes solidarias, se ha convertido en exigencia de justicia para el Estado social. Podríamos decir por analogía que recurrir a un lenguaje claro, llano y bien cuidado no es sólo una cortesía, sino un deber indeclinable de los Gobiernos, las Administraciones Públicas, los poderes del Estado, como el legislativo y el judicial, de los profesionales y los medios de comunicación, de las empresas y las entidades financieras. Es, sencillamente, una exigencia de justicia, porque resulta imprescindible para que los afectados en cada campo puedan ejercer su autonomía, que supone comprensión y posibilidad de participación activa. La exigencia de claridad es un derecho de los afectados en aquellos ámbitos en los que las decisiones tienen consecuencias relevantes para sus vidas. No es éste el momento oportuno para entrar en cada una de esas esferas de la vida social, pero sí de esbozar a vuelapluma el sentido que tiene en algunas de ellas la exigencia de un lenguaje claro y bien cuidado.

En lo que hace a los gobiernos y las Administraciones Públicas, suelen utilizar en sus documentos una jerga de rufianes. Tal vez lo hagan sin intención, pero en su modo de proceder recuerdan la llegada de Victor Hugues a las Antillas para introducir el decreto de abolición de la esclavitud y la igualdad de derechos de todos los habitantes de la isla, sirviéndose de la guillotina como argumento irrebatible. Lo cuenta Alejo Carpentier con pluma maestra en *El Siglo de las Luces*, ese relato del ingreso de la Ilustración en el Nuevo Mundo: «Luciendo todos los distintivos de su Autoridad, inmóvil, pétreo, con la mano derecha apoyada en los montantes de la Máquina, Victor Hugues se había transformado, repentinamente, en una Alegoría. Con la Libertad, llegaba la primera guillotina al Nuevo Mundo».

¿Cómo se puede defender realmente la igualdad entre los hombres con la guillotina? ¿Cómo se puede conseguir que los ciudadanos hagan suyos mensajes de dirección única, que en realidad no intentan ser comprendidos? Al parecer, interesa que estén publicados para que nadie pueda eximirse de cumplirlos, porque el desconocimiento de la ley no exime de su cumplimiento, pero tampoco libra de cumplirla la incomprensión de una ley, redactada en lenguaje críptico y arcano. Los Gobiernos y las Administraciones Públicas introducen entonces una radical asimetría entre gobernantes y ciudadanos usando la jerga de rufianes de un lenguaje abstruso y unilateral. Como sucede también con el lenguaje judicial, hermético, duro y casi ofensivo, que ignora de hecho la presunción de inocencia.

En este mismo sentido merece capítulo aparte la redacción de leyes cuya ambigüedad es tal que en la práctica resulta imposible aplicarlas. De ahí proviene en la vida corriente un insuperable vacío legal, coartada óptima para cualesquiera interpretaciones, guiadas por los más variados intereses.

Por otra parte, la comunicación clara genera un vínculo de confianza entre los distintos poderes del Estado y los ciudadanos, que se sienten tratados en pie de igualdad, aumenta la eficiencia de las instituciones, pero sobre todo ahorra a la ciudadanía incertidumbre, ansiedad, dinero para contratar a un experto que ayude a entender el mensaje abstruso, promueve la transparencia, el acceso a la información pública y la rendición de cuentas.

Se trata entonces de redactar los textos situándose en el lugar de los destinatarios, pensando en sus necesidades, intereses y perfiles, como también de verificar si los mensajes son comprensibles recurriendo a mecanismos de participación. En estos tiempos en los que se dice hasta la saciedad promover el gobierno abierto, uno de cuyos grandes empeños es la práctica de la transparencia para reducir la corrupción, no hay mejor comienzo para ese viaje que las alforjas de un lenguaje llano, cuidado y abierto al diálogo.

Por mencionar un segundo campo, el de la sanidad, cuyos protagonistas son los profesionales, los gerentes, la industria farmacéutica y, en lugar destacado, los pacientes, reclama claridad como pocos. Sin ella es imposible cumplir con los principios éticos —no maleficencia, beneficencia, autonomía, justicia y explicabilidad, en tiempos de IA— y con las metas que le dan sentido.

¿Cómo no dañar al paciente, cómo hacerle bien sin saber qué

entiende por su bien en una situación concreta, sin atender al ejercicio de su autonomía, que debe ser dialogada?

Afortunadamente, prácticas como el consentimiento informado, la redacción de voluntades anticipadas o la planificación de decisiones al ingresar en el centro sanitario expresan respeto a la autonomía del paciente. Pero para que respeten realmente la autonomía, y no queden en meros requisitos legales, deben redactarse en un lenguaje claro, preciso, pero no vulgar, pensando en un paciente sencillo y razonable. Y la misma claridad se hace indispensable en los prospectos de los fármacos, herméticos y disuasorios hasta extremos insospechados.

En cualquier caso, nunca se debe obviar el diálogo entre los profesionales y el paciente o los familiares, que son los protagonistas de las decisiones de salud. Cada vez más ese diálogo se extenderá al espacio de internet a través de plataformas creadas para responder a consultas y aclarar dudas, no sólo para ofrecer información. Y en todas ellas el propósito inicial es que el lenguaje sea claro y sencillo. Pero la relación presencial entre el personal sanitario y los pacientes es insustituible.

Por último, pero no en último lugar, el mundo empresarial y el financiero precisan cada vez más reputación para ser competitivos, y la reputación exige no sólo actuar bien, sino también saber comunicarlo. Se multiplican entonces las memorias de responsabilidad social, nacen los códigos y los comités éticos, pero también se escriben relatos que cuentan la historia y los logros de la organización en beneficio de la sociedad. Memorias y narraciones, dirigidas a los afectados por la actividad de la organización, deben ser, sin duda, comprensibles y veraces.

Sin embargo, con todo esto no basta. La claridad es derecho de los afectados y obligación de los poderosos, pero también la veracidad es derecho de los primeros y obligación de los segundos, y más todavía en estos tiempos de «posveracidad». Si los mensajes son claros, pero hay contradicción entre lo que se dice y lo que se hace o lo que se pretende hacer, la confianza de los afectados se evapora con toda razón. Y la confianza es el principal capital ético de los países, difícil de conquistar, fácil de dilapidar.

A pesar de Hobbes, el Estado no es el gran definidor creador del lenguaje, ni lo son los que ostentan el poder en cada campo. El lenguaje ha de atenerse a la realidad social. Y con esto regresamos al comienzo de este capítulo, a los requisitos para que una acción comunicativa tenga éxito. Decíamos allí que lo escrito o lo dicho debe ser inteligible, y pusimos entre paréntesis de momento las pretensiones de veracidad, verdad y justicia, porque queríamos ocuparnos del lenguaje claro, llano, sencillo. Pero ahora tenemos que recuperarlas, porque la claridad no basta, no es suficiente la inteligibilidad.

«Alumbra, lumbre de alumbre, Luzbel de piedralumbre» son las primeras palabras de esa inquietante obra de Miguel Ángel Asturias, *El señor presidente*.

Alumbra, sí, luz, sí, pero —continúa el texto— alumbra sobre la podredumbre de una sociedad amordazada. Y ese comienzo augura una historia clara y diáfana en su brillante expresión, pero tenebrosa por el contenido del relato hasta el casi insoportable final. Y es que necesitamos la claridad, como bien decía Ortega, más todavía en nuestras sociedades democráticas y a la altura del tercer milenio. Pero para alcanzar la plenitud de la vida son indispensables también la veracidad, la verdad y la justicia. Nada más, pero tampoco nada menos.

Capítulo 12

EDUCAR EN LA ERA DE LA INTELIGENCIA ARTIFICIAL

1. INTELIGENCIA ARTIFICIAL EN EDUCACIÓN, ¿PARA QUÉ?

En el discurso que el presidente Xi Jinping pronunció en el decimonoveno Congreso Nacional del Partido Comunista de China, celebrado en 2017, afirmó que entre los diversos proyectos que pueden proponerse es preciso dar prioridad a la mejora de la educación, que el más relevante sería una educación robusta para conseguir el gran rejuvenecimiento de China.[1] Y en esta línea, muchos académicos, como Shengquan Yu, del Advanced Innovation Center for Future Education, en la Normal University de Pekín, consideran indispensable llevar adelante la tarea de introducir la IA en los procesos educativos. En este contexto recuerda Yu el apotegma de John Dewey: «Si hoy enseñamos a los estudiantes lo que les enseñábamos ayer, les robamos el futuro» y entiende que la educación debe centrarse en el estudiante, en su crecimiento y felicidad, recurriendo a la tecnología.[2]

Hace más de dos siglos, en las *Lecciones de pedagogía*, publicadas en 1803 por su alumno Friedrich Theodor Rink, aseguraba Immanuel Kant que la tarea más difícil para los seres humanos es la educación, porque es preciso averiguar si queremos educar para el presente o para un futuro mejor, y, por su parte, apostaba por la segunda opción. La persona (*Mensch*) —aseguraba— lo es por la educación, es lo que la educación le hace ser.[3] Y la educación consiste en cultivar los mejores gérmenes que han puesto en la humanidad la naturaleza o la providencia, los gérmenes de una sociedad cosmopolita, capaz de hacer posible la paz entre los países y el respeto a los derechos de las personas concretas. No la simple convivencia, no un *modus vivendi*, que siempre acaba consistiendo en que los más débiles acepten las exigencias leoninas de los poderosos para que les permitan sobrevivir, sino la verdadera paz, que sólo se consigue a través de la justicia.

Por eso convenía educar a niños y jóvenes desarrollando tres tipos de disposiciones que ya tienen por naturaleza: las habilidades y capacidades necesarias para poder alcanzar en el futuro las metas que quieran proponerse, metas desconocidas todavía en la infancia y la juventud; los hábitos oportunos para llegar a ese fin que todos los seres humanos desean y que no es sino la felicidad, aunque se busque por distintos caminos; y lo que podríamos llamar por nuestra parte la sabiduría moral, que consiste en tratar a todos los seres humanos como intrínsecamente valiosos, como valiosos por sí mismos, de modo que no se les debe dañar y sí empoderar.[4]

Cuál será la configuración económica, política y tecnológica del mundo en que han de vivir los niños y los jóvenes actuales no lo sabemos, pero lo que sí que podemos saber es qué valores morales queremos transmitirles para que los acepten o los desechen, como ocurre con cualquier tipo de herencia, pero que lo hagan desde su decisión autónoma, no desde la obediencia servil.

Como se echa de ver, la convicción de que la educación es esencial para la vida humana transciende las fronteras de las civilizaciones, forma parte del patrimonio de la humanidad, aunque los contenidos coincidan en parte y en parte difieran según las culturas y las generaciones. Hablamos de valores orientales y occidentales, de valores autocráticos y democráticos, y dentro de cada uno de esos apartados aparecen una infinidad de clasificaciones. Y, sin embargo, existen puntos de encuentro, que tal vez no deban buscarse desde la formulación de los grandes principios, sino sacándolos a la luz desde los proyectos concretos, como es el caso del acuerdo generalizado que existe hoy en día en educar aprovechando los beneficios de la IA.

Los sistemas inteligentes afectan a todos los ámbitos vitales y entre ellos, como es obvio, a la educación, que es una pieza clave de todas las sociedades. De ello es buena muestra la abrumadora presencia de la IA en los proyectos educativos y la ingente bibliografía existente sobre los vínculos entre IA y educación, especialmente a partir de los años setenta del siglo xx.[5] No es extraño que la IA se recogiera como una de las tecnologías que transformarían el aprendizaje y la enseñanza en los próximos cinco años en el *Horizon Report* de 2016 y 2017. Ni tampoco que en mayo de 2018 se celebrara justamente en Pekín la Conferencia Internacional sobre IA y Educación, coorganizada por la Unesco y por el Gobierno de la República Popular China. La conferencia se proponía promover respuestas políticas para integrar la inteligencia y la educación, de modo que se pudiera alcanzar el cuarto objetivo de desarrollo sostenible de los propuestos por Naciones Unidas, referido a la educación. Estas técnicas —se dice— plantean problemas, también éticos, pero es menester incorporarlas para alcanzar «el futuro compartido de la humanidad».[6]

Sin embargo, no es menos cierto que la tecnoeducación se ha convertido en una poderosa arma económica en manos de las empresas y los países capaces de liderarla, de modo que quienes queden atrás en la competición por el primer puesto tendrán que pagar caro el coste de oportunidad, perderán poder económico y político. La duda es, entonces, si se trata de incorporar estas tecnologías en la educación «para alcanzar el futuro compartido de la humanidad», en el sentido de cultivar una ciudadanía democrática y cosmopolita, o más bien se trata de preparar a los estudiantes para competir en la carrera económica y política, y alcanzar el primer puesto, sea el Estado el que pugna por ese puesto, siguiendo el modelo chino, o sea el mercado, en la línea de Silicon Valley.

En lo que hace al presente libro, considero que la educación en el siglo XXI debe ir encaminada a «alcanzar el futuro de la humanidad», ayudando a formar una ciudadanía democrática y cosmopolita. La experiencia de la pandemia y de las actuales guerras que parecen no tener fin, desafíos como el de la migración forzada o el cambio climático nos han recordado una vez más que las personas somos interdependientes y que también lo son los países, de modo que la solidaridad es ineludible para sobrevivir. Y, por si faltara poco, los afectados por la globalización deberían ser a la vez los sujetos agentes de las decisiones que se toman en ella, no sólo los sujetos pacientes de sus consecuencias. En caso contrario son heterónomos, y no autónomos, no construyen conjuntamente la vida compartida. Son siervos o esclavos, no ciudadanos. Autonomía personal y solidaridad siguen siendo claves ineludibles de un proyecto que eduque en un cosmopolitismo, que debería ser arraigado, abierto al mundo y a la vez intercultural.[7]

¿Tendríamos que incluir en ese proyecto educativo los sistemas inteligentes, considerándolos capaces de ejercitar aquellas competencias que Rudyard Kipling les negaba en «El secreto de las máquinas»: amar, perdonar, entender mentiras, haciendo caso a transhumanistas y cosmistas como Mo Gawdat? ¿Tenemos que incluirlos en la comunidad de ciudadanos del mundo para no incurrir en discriminación y, por tanto, educarlos para ejercer la ciudadanía?

Como dijimos anteriormente, para no caer en ideología, haciendo afirmaciones que sobrepasan con mucho lo que puede hoy sostenerse con base científica, perdiéndonos en un mundo de especulaciones, económicamente rentables para algunos inversores poderosos, y aparcando acuciantes problemas actuales que reclaman nuestra atención y compromiso, creo que es más justo y prudente optar por la ética, educar en una ciudadanía democrática y cosmopolita a las personas de carne y hueso, haciendo uso de la IA como instrumento. Un instrumento que no es neutral, y por eso hay que utilizarlo adecuadamente.[8]

Situados en este contexto, trataremos de responder brevemente a las siguientes preguntas: ¿ayuda la IA a educar en una ciudadanía democrática, tanto en el plano formal como en el informal, aunque presente serios problemas que es indispensable resolver? ¿O bien nos obliga a renunciar al proyecto de una ciudadanía democrática, porque socava nuestra libertad y nos impide ser sujetos agentes de nuestras vidas, nos impide ejercer la ciudadanía?

Naturalmente, nos referiremos sucintamente a la IA especial, utilizando las claves con las que solemos hablar en cuestiones de ética aplicada: beneficencia (¿qué beneficios cabe esperar de la IA en el proceso educativo?), no maleficencia (¿qué riesgos es preciso neutralizar en ese proceso?), autonomía (¿potencia la autonomía de las personas y su capacidad crítica?) y justicia (¿contribuye a formar una sociedad más justa?). Pero junto a ellas añadiremos una clave estrechamente ligada a las anteriores: la explicabilidad y trazabilidad en el camino por el que se llega a las soluciones brindadas por los algoritmos.

2. LUCES Y SOMBRAS DE LA INTELIGENCIA ARTIFICIAL

Sin duda, los sistemas inteligentes son *instrumentos* útiles para *ayudar* en el proceso educativo, siempre que no pretendan sustituir a los educadores, sino servirles de apoyo, o bien llevar a cabo tareas de sustitución cuando la presencialidad es imposible. La experiencia de la pandemia fue un ejemplo meridiano de este valor positivo, como también lo son la ingente cantidad de sistemas a distancia que permiten acceder a la educación a quienes se encuentran alejados de los centros formativos, o la facilidad con la que colegas de distintos países pueden celebrar encuentros y organizar trabajos conjuntos.

Haciendo un rápido recuento, podemos decir que las aportaciones de los sistemas inteligentes pueden beneficiar a los estudiantes, a los profesores, a las familias y a la Administración.

En principio, existe un amplio consenso en considerar que un gran beneficio es la personalización de la experiencia educativa. Con ayuda de la ciencia de datos, pueden construirse sistemas de enseñanza adaptativos, basados en los perfiles, las respuestas y las interacciones de los estudiantes. Los sistemas ajustan las trayectorias educativas a las características individuales y extraen consejos para el futuro. Es posible identificar las fortalezas y las debilidades de cada usuario, sus motivaciones y desafíos. Además, contando con la red de conocimiento inteligente y con las redes sociales, que están conectadas de forma ubicua, es posible mejorar el interés y la eficiencia del estudiante, motivarlo en ocasiones para querer aprender y posibilitar el aprendizaje a lo largo de la vida, en todo tiempo y en todo lugar.[9]

Los posibles beneficios han ido aumentando poderosamente desde noviembre de 2022, cuando OpenAI lanzó el chat conversacional GPT 3.5, una aplicación fundamentada en un modelo de procesamiento del lenguaje natural. La llegada de ChatGPT supuso un punto de inflexión en la educación: había llegado a pasar la nota de corte para poder trabajar como médico en España.[10] De hecho, las herramientas de tipo generativo y conversacional son las más utilizadas, tanto para preparar las clases como para integrarlas en el aula.[11]

La IA generativa ayuda a los alumnos generando textos, imágenes, música, les ayuda a practicar debates, entabla conversaciones, responde a preguntas, busca información compleja, genera ideas sobre un tema, oficia de tutor. Naturalmente, estas aportaciones obligan a cambiar en la escuela los procedimientos de evaluación, porque no pueden reducirse a preguntas o trabajos que puede responder ChatGPT, sino que hay que recurrir a métodos en que el alumno muestre de algún modo su preparación, originalidad y protagonismo. Esto supone el fin de los deberes tradicionales.

En cuanto a los docentes, pueden poner en manos de sistemas inteligentes las tareas rutinarias y repetitivas, agilizar las evaluaciones, responder a las cuestiones usuales a través de tutores inteligentes, o contar con la ayuda de la IA generativa, que se especializa en el diálogo, proporciona conocimientos, resúmenes, respuestas a preguntas, establece correlaciones, ofrece ideas para programaciones y para preparar las clases. No se trata de mecanizar la educación, porque la IA no tiene entendimiento ni creatividad real, por tanto, su tarea es la de ayudar al profesorado.

Por su parte, los padres pueden recibir información de los progresos de sus hijos o de sus problemas. Y, en lo que hace a la administración educativa, a la hora de tomar decisiones cuentan con el análisis inteligente de grandes volúmenes de información. La comunidad educativa, por su parte, puede colaborar en todo momento a través de las redes.

Por último, pero no en último lugar, la complejidad del mundo en el siglo XXI puede ser mejor comprendida con una inteligencia aumentada y distribuida, como la que puede proporcionar, y de hecho ya está proporcionando, la IA.

Sin embargo, a pesar de los beneficios, la aplicación de los sistemas inteligentes a la educación presenta unas limitaciones a las que es necesario atender.[12]

1. En el momento presente y por un tiempo, el problema de la brecha digital no hace sino ensancharse con cada innovación. La mayor parte de la población mundial carece de ordenadores y los centros educativos no tienen internet, con lo cual en principio el uso de la IA en la educación aumentó las desigualdades. De ahí que se esté proponiendo construir centros educativos inteligentes, que resuelvan estas situaciones, pero en una buena cantidad de regiones se fían a muy largo plazo y con resultados muy inciertos. Por otra parte, los recursos informáticos pasan por alto el 95 % de las lenguas que se hablan en el mundo.

2. En cualquier caso, uno de los grandes escollos es la dificultad de proteger la privacidad de los escolares, de sus familias y del profesorado, porque los datos necesarios para estos programas pueden utilizarse para otros fines distintos de los educativos, y por razones que más adelante comentaremos.[13] No es extraño que el Consenso de Pekín de 2019 insista en que hay que mantener un equilibrio entre el acceso abierto a los datos y la protección de la privacidad, entre la propiedad y la privacidad de los datos y su disponibilidad para el bien público (punto 28). De ahí que se proponga elaborar leyes de protección de datos y marcos regulatorios para garantizar la utilización ética, no discriminatoria, equitativa, transparente y verificable de los datos de los educandos (punto 29). Estos marcos ya se han ido creando y deben aplicarse también en la educación.

3. Los sesgos en los algoritmos a partir de los que se toman decisiones no garantizan una educación inclusiva y de calidad para todos, ni tampoco una selección adecuada del profesorado. Los ejemplos del libro de Cathy O'Neil, *Armas de destrucción matemática*, son contundentes en este sentido,[14] y el problema de eludir los sesgos de diverso tipo es uno de

los principales caballos de batalla en la aplicación de la IA, porque provoca decisiones radicalmente injustas.

4. En cuanto a los contenidos, la IA puede acentuar los sesgos de inequidad educativa, porque los datos para elaborar los algoritmos se extraen de determinadas poblaciones, pero los resultados se aplican también a otras, que tienen unas características diferentes. Justamente, este punto de los sesgos es una de las grandes limitaciones de la IA, que pueden llevar a auténticas disfunciones.

5. Existe el riesgo de creer que los programas pueden sustituir la tarea presencial de maestros y profesores y optar por una teleducación que lleve a desentenderse de la relación maestro-alumno y a dejarlo todo en manos de los sistemas inteligentes. Éste es un error porque la relación personal es insustituible, y los programas virtuales han de ser complementarios con la tarea del docente. Reducir el número de docentes sería un gran daño para la educación, una mecanización inhumana de la docencia. Humanizar la docencia es esencial.

6. Los programas de IA pueden presentarse de forma autónoma, de modo que se ignora cómo han llegado a gestarse y cómo se llega a unas conclusiones u otras. La trazabilidad se hace necesaria, pero no siempre es accesible.

7. Los riesgos de plagio obligan a replantear los métodos de evaluación, pero también obligan a revisar puntos centrales de la ética de la investigación científica, que ha incidido tradicionalmente en la condena del plagio como una de las actuaciones inaceptables.

8. Es tarea de la escuela enseñar a los alumnos a captar la desinformación, los *deepfakes*, la manipulación y la propaganda, a valorar qué transmiten como información y sus consecuencias para la sociedad, a evaluar críticamente los sesgos.

9. La pérdida de puestos de trabajo es inevitable. Lo cual representa un gran problema de justicia, que debería ser una preocupación universal, como ya comentamos en el capítulo 4 de este libro, aludiendo a que puede provocar un cambio de época. Por supuesto, es necesario educar en competencias digitales para que puedan incorporarse a los puestos de trabajo el mayor número de personas posible, y éste es uno de los objetivos de la Unión Europea y de la Unesco. Pero, aun así, la IA se ha convertido en una fuerza productiva que sustituirá fuerza de trabajo humana y por eso urge plantear a fondo cómo organizar el mercado laboral y el conjunto de la estructura social de modo que se respete el contenido de los derechos económicos, sociales y culturales en la nueva situación. En este orden de cosas, es preciso sacar a la luz la gran cantidad de trabajos que sólo podrán estar en manos de seres humanos, como son los que requieren una especial sensibilidad.[15]

Como decía Jaime Rubio en un inteligente artículo de *El País* titulado «No quiero leer tu novela, ChatGPT», citando un tuit de la escritora Joanna Maciejewska: «Quiero que la IA haga la colada y lave los platos para que yo pueda dedicarme al arte y a escribir, no que la IA escriba y dibuje por mí para que yo pueda hacer la colada y lavar los platos».[16]

3. LA AUTONOMÍA PERSONAL Y LA CAPACIDAD CRÍTICA EN PELIGRO

Este conjunto de cuestiones nos lleva a uno de los mayores problemas que se presentan en un plano tan profundo, como es el del cultivo de la autonomía personal y la capacidad crítica, indispensables para una ciudadanía democrática. Algunos autores se preguntan cómo serán redefinidos los sistemas educativos sobre la base del poder computacional de los algoritmos, la gamificación y las neurociencias, teniendo en cuenta las fuentes de innovación del mundo tecnoeducativo: digitalizar, diversificar, datificar, controlar, atraer, atrapar, empoderar, colaborar y predecir o predestinar.[17]

Sin embargo, a mi juicio, no se trata de redefinir los sistemas educativos como tales, sino de contar con nuevos instrumentos que deben servir para formar una ciudadanía capaz de utilizarlos para tomar conciencia de la estructura del mundo en que vive y de posicionarse ante ella desde unos valores éticos democráticos. Una ciudadanía preparada para *conocer* el mundo y comprenderlo, no sólo para *tener información* sobre él. Una ciudadanía pertrechada de la capacidad crítica necesaria para decidir si acepta ese mundo tal como es o si quiere construir el futuro para que no se lo roben, desde unos valores como la autonomía, la justicia y la compasión.

Y como la estructura de nuestra sociedad y de cualquier proyecto educativo actual está marcada por las plataformas y las redes sociales, es a esa estructura a la que hemos de remitirnos para saber si es posible en ella ejercer la autonomía personal o si nos obligan a la heteronomía.

Es verdad que las redes sociales nacieron con la promesa de potenciar la autonomía y la democracia. A través de ellas cualquier persona puede producir información, publicar su opinión a través de blogs o tuits, consumir información de manera rápida, instantánea, barata, gratuita, seleccionar a qué personajes influyentes y prescriptores quiere seguir, en qué comunidad se inscribe.[18] Nace el periodismo ciudadano, y con ello se pone fin a las jerarquías informativas. Parece, pues, que el mundo de las redes sociales posibilita una mayor autonomía personal, un aumento de la capacidad crítica, una consolidación de las democracias y un descenso del autoritarismo.

Y, en efecto, bien utilizadas, las redes sociales son un excelente canal para la libre expresión de la ciudadanía, y han permitido el acceso a noticias de países totalitarios y herméticos, eludiendo los controles de los Gobiernos. Es indudable que el progreso en la conectividad puede ampliar la libertad al aumentar la información y la expresión de las opiniones.

Sin embargo, en lo que respecta al cultivo de la autonomía personal y la capacidad crítica, las llamadas de atención surgieron bien pronto. Espigaremos cuatro a título de ejemplo.

En un artículo de 2008 se preguntaba Nicholas Carr si Google nos está haciendo estúpidos, o, al menos, superficiales. Carr constata en carne propia que cada vez le cuesta más leer un libro o un artículo largo, cuando antes los devoraba, que le resulta difícil concentrarse y acaba navegando a través de distintos trabajos, sin entrar a fondo en ninguno de ellos. Y como una forma distinta de leer acuña una forma diferente de pensar, parece tener razón la psicóloga Maryanne Wolf al decir que somos *como* leemos, que la lectura profunda es indistinguible del pensamiento profundo; con lo cual nos estamos condenando a la superficialidad, si no a la estupidez.[19]

Dando un paso más, desde 2016 al menos menudean las preguntas sobre si la democracia puede sobrevivir a internet. Cuando las claves de las campañas electorales a través de las redes son la polarización, la viralidad y los discursos del odio, se apela a las emociones, los intereses y el miedo, Nathaniel Persily, entre muchos otros, se pregunta: «¿Puede la democracia sobrevivir a internet?».[20]

Podemos decir que difícilmente lo hará, y no sólo por el triunfo del emotivismo en la vida pública, sino porque, como se ha dicho, pensar cansa, como acredita nuestra base neurofisiológica, y la opción más simple y descansada es la que contaba el Roto en una genial viñeta. En ella aparece un personaje perplejo ante dos opciones, «me gusta», «no me gusta», y el mordaz título de la viñeta es «Breve tratado de filosofía».

Pero las críticas más radicales han llegado al ponerse en cuestión la estructura misma de las plataformas como parte de la infraestructura de un capitalismo que cuenta al menos con dos versiones, como hemos comentado: el neoliberal de Silicon Valley y el comunista chino. Según Shoshana Zuboff, es «un nuevo orden económico, que reclama para sí la experiencia humana como materia prima gratuita aprovechable para una serie de prácticas comerciales ocultas de extracción, predicción y ventas».[21] Para este orden económico, los seres humanos no son ya fines en sí mismos, como Kant quería con aquella célebre formulación del imperativo del fin en sí mismo: «Obra de tal modo que trates a la humanidad, tanto en tu persona como en la persona de cualquier otro, siempre al mismo tiempo como un fin y nunca solamente como un medio». Por el contrario, las personas son ahora medios para el comercio o para el poder político. Se produce, una vez más, el *triunfo de la razón instrumental*, que, como dijimos, ya denunció la primera generación de la Teoría Crítica de la Escuela de Fráncfort, especialmente Horkheimer y Adorno.[22] En el mundo de las plataformas, los seres humanos se convierten en instrumentos en manos del mercado o del Estado y, de nuevo, la técnica se convierte en ideología, por decirlo con Habermas.[23] Y como es propio de la ideología, sus usuarios no son conscientes de ello.

¿Cómo hemos llegado a esta situación y cómo salir de ella? Como se ha relatado desde distintos lugares, Google se constituyó como empresa en 1998 y comprobó que cada búsqueda producía una estela de datos colaterales, unos productos conductuales secundarios. Al principio utilizó esos datos para mejorar el servicio al usuario, porque la misión de Google era «organizar la información del mundo y hacer que sea universalmente accesible y útil».[24] Si este propósito se hubiera mantenido, hubiera supuesto un gran paso en las posibilidades de ilustración de la humanidad, una gran aportación de información, que podría transformarse en conocimiento, a través de la apropiación personal, la reflexión y el discernimiento. Hubiera sido una pieza valiosa en la educación, aunque con limitaciones, como es obvio.

Sin embargo, a finales de 2000 Google convierte a los usuarios en la materia prima de la producción, mejor dicho, la materia prima serían los productos predictivos de los usuarios, que se utilizan para dirigir publicidad hacia ellos. Con este procedimiento arranca una nueva forma de producción que se asienta sobre dos imperativos: el imperativo extractivo, porque se trata de extraer el mayor número de datos del mayor número posible de usuarios, y el imperativo predictivo, ya que a partir de los datos se pergeñan futuros conductuales. Los futuros se venden a los verdaderos clientes, que son o bien empresas anunciantes, o bien el Estado, para que cuenten con información y puedan orientar las conductas, modificarlas, en un nuevo conductismo.

Y como la inteligencia de las máquinas, también en la tecnoeducación, depende de los datos que pueda recabar, los medios sociales se han convertido, según Ronald Deibert, en «máquinas tóxicas adictivas»,[25] programadas para actuar sobre las emociones. Para extraer los datos, los medios sociales han de chocar, atemorizar, hacernos adictos a las plataformas. Cuanto más tiempo estemos en la red, más datos consiguen. Las gentes entregan más y más de su autonomía, de sus costumbres y de su salud mental. Cuanto más chocante es el contenido, más atrae a las emociones. Todo ello se basa en la economía de la atención, que trata de atraer el interés de las gentes. Todas nuestras interacciones están mediadas por servicios digitales, todo queda registrado. Con lo cual perdemos intimidad y libertad. Por no hablar de otra consecuencia nefasta de la que no suele hablarse, y es que la nube, ese ecosistema de comunicación digital, está causando un daño medioambiental masivo.[26]

Sucede entonces que los medios sociales en vez de ser una tecnología liberadora facilitan el despotismo y el abuso de poder. La vigilancia que llevan a cabo las empresas es muy valiosa para el control autoritario, sea en las democracias, sea en las autocracias. En el primer caso es el poder empresarial el que puede acabar marcando las orientaciones con la modificación de conductas a través de la influencia que ejercen. En el caso de las autocracias, es elocuente el caso de China. El sistema de censura y propaganda, incluido el de créditos sociales, utiliza cámaras omnipresentes, censura, datos biométricos. El Gobierno desarrolla un sistema integral de «reputación social», que pretende resolver el problema de la disolución social con medios de modificación de conducta. La posibilidad de acceder a ventajas sociales depende de programas que miden las conductas de la ciudadanía. Es un totalitarismo digital.[27]

No es extraño que en la ley de IA que la Unión Europea aprobó actualmente, y que se esfuerza por posicionar a Europa como líder en el desarrollo ético y sostenible de las tecnologías de IA, se prohíba reiteradamente la obtención de datos biométricos sin el consentimiento de la persona.

¿Qué sucede entonces con la educación? Existe un inmenso mercado tecnoeducativo que se ofrece como personalización y automatización del aprendizaje que está impregnando todo el mundo educativo. Pero puede ocurrir que, al igual que el resto de las plataformas, se esté convirtiendo en un mecanismo extractivo de datos. Se ofrecen enseñanzas a través de las plataformas, que reescriben en formato digital la forma de aprender y de enseñar: vigilan, extraen, datifican, analizan, gamifican y mercadean con el aprendizaje. En esta era de la datificación, también la educación estará en manos de quienes sepan atraer la atención para que no se salgan de su plataforma,[28] porque no sólo se trata de extraer datos creando adictos, sino también de intentar modificar conductas. Sin embargo, según ven con perspicacia algunos autores, las desigualdades se amplían, porque los bien situados reciben atención de personas, mientras que las masas quedan en manos de las máquinas inteligentes.[29]

Ésta es una constante en la historia de nuestras democracias, que las gentes con poder adquisitivo se cuidan de dar a sus hijos una educación personalizada, que exige esfuerzo, competencias lingüísticas y culturales de todo tipo para que estén bien preparados, mientras en la educación pública, a menudo, en vez de pertrechar de una preparación semejante al alumnado, se dan todo tipo de facilidades para que vaya obteniendo los diplomas sin esfuerzo alguno. Es éste un proceder claramente demagógico, que refuerza lo que convendría llamar «la trampa de la pobreza cultural», porque es un callejón sin salida. No ayuda a formar en la excelencia, sino en la mediocridad.

4. ¿QUÉ HACER? EDUCAR EN UNA AUTONOMÍA CORDIAL

Aunque se insiste desde muy distintos lugares en que la situación es inevitable, también otras voces, como la de Zuboff, recuerdan que lo que han hecho los seres humanos deben poder modificarlo los seres humanos. Apela entonces a que la opinión pública se oponga y exija reformas legislativas para preservar la interioridad de las personas, los lazos privados de amistad y los vínculos públicos.[30] Deibert, por su parte, propone «resetear» el sistema para empezar desde los primeros principios y fundamentos sólidos. Entiende que para lograrlo sería preciso controlar al Gobierno y al poder corporativo mediante legislación que ponga el control en manos de la ciudadanía, porque arriesgamos pérdidas irreversibles de libertad y privacidad si no ponemos controles democráticos en las tecnologías digitales y en las compañías y los Gobiernos que las desarrollan.[31] Comparto totalmente estas propuestas, pero me temo que no podrán llegar a buen puerto.

Cuando escribí *Por una ética del consumo*[32] di con un refrescante trabajo de Daniel Miller titulado «Consumption As the Vanguard of History» [El consumo como vanguardia de la historia], en el que esbozaba una sugerente propuesta para salir de la espiral del consumo compulsivo en que nuestras sociedades estaban sumidas.[33] De la misma manera que, según el socialismo científico, el proletariado debía erigirse en clase universal y vanguardia de la historia, porque el capital dependía de su fuerza de trabajo y la revolución podía cambiar el curso de los acontecimientos, los consumidores deberíamos convertirnos ahora en esa clase universal frente a los productores y cambiar el curso de la producción, obligando a producir aquello que queremos consumir.

Compartía —y comparto— plenamente esa propuesta y por eso el subtítulo de mi libro era *La ciudadanía del consumidor en un mundo global*. En ese mundo, los ciudadanos deberíamos cambiar el curso de la historia exigiendo a los productores un cambio en el modo de producción, pero no sólo con palabras y protestas, sino de la forma más efectiva que existe: con nuestra forma de consumir. En este momento, con nuestra forma de consumir productos de IA. Esta propuesta de una ciudadanía del consumidor como clase universal podría aplicarse hoy para transformar el mundo de las plataformas y preservar la autonomía personal, la intimidad y la capacidad crítica.

Sin embargo, ya entonces encontraba en esa propuesta dos inconvenientes, al menos. Por una parte, los consumidores no somos una clase, entre otras razones, porque nuestras democracias no son sociedades de clase, sino estratificadas y, por supuesto, los consumidores no estamos unidos por un único interés. Somos grupos muy diversos, con muy distintos intereses. Y, sobre todo, tenemos mucho más que perder que nuestras cadenas. Lanzar el mensaje «consumidores de redes sociales y plataformas, uníos frente a los productores» es predicar en el desierto. Los usuarios de los sistemas inteligentes no están dispuestos a revolucionar un sistema en el que se encuentran como el pez en el agua y cada vez más. Tendrían que aprender a querer ser autónomos desde la educación formal e informal, y, de hecho, se promocionan programas para educar en este sentido. Pero ¿cómo educar en la autonomía personal y en la capacidad crítica desde un sistema extractivo, predictivo y modificador de las conductas, que se está aplicando a través de una tecnoeducación puesta en manos del mercado o del Estado? Una vez más, como denunciaba la Teoría Crítica de la Escuela de Fráncfort: ¿cómo criticar la racionalidad instrumental desde la racionalidad instrumental?

Ante esta pregunta hay al menos una respuesta: afortunadamente, existe una racionalidad que trasciende el ámbito instrumental. Es la racionalidad comunicativa, por la que los seres humanos nos reconocemos mutuamente como interlocutores válidos, llamados a decidir conjuntamente sobre nuestra vida compartida, porque somos en diálogo. No tenemos por qué resignarnos a vivir como individuos aislados, unidos por la pura conectividad, en un mundo de plataformas que nos tienen en sus manos. Tampoco hay razón para conformarse con «pensar en colmena». Tenemos, por el contrario, la oportunidad de asumir la responsabilidad por nuestro mundo como personas autónomas, estrechamente vinculadas por lazos de solidaridad, que no están dispuestas a dejarse avasallar ni tampoco a permitir que haya excluidos desde esa lacra que es la aporofobia. Personas que quieren utilizar cualesquiera instrumentos, también los sistemas inteligentes, para estrechar la intersubjetividad entre los seres humanos y cuidar de la naturaleza. Para lograrlo es preciso educar en esa unión de corazón y razón que hace tiempo vengo llamando «razón cordial».

BIBLIOGRAFÍA

ABNEY, Keith, «Robotics, Ethical Theory and Metaethics: A Guide for the Perplexed», en Patrick Lin, Keith Abney y George A. Bekey (comps.), *Robot Ethics: The Ethical and Social Implications of Robotics*, Massachusetts Institute of Technology, Cambridge, 2012, págs. 35-52.

AI4PEOPLE, «An Ethical Framework for a Good AI Society: Opportunities, Risks, Principles and Recommendations», *Minds and Machines*, n.° 28, 2018, págs. 689-707.

ALBERT, Michel, *Capitalismo contra capitalismo*, Paidós, Barcelona, 1991.

ALLEN, Colin, y Wallach, Wendell, *Moral Machines: Teaching Robots Right from Wrong*, Oxford University Press, Oxford, 2008.

—, «Moral Machines: Contradiction in Terms or Abdication of Human Responsibility?», en Patrick Lin, Keith Abney y George A. Bekey (comps.), *Robot Ethics: The Ethical and Social Implications of Robotics*, Massachusetts Institute of Technology, Cambridge, 2012, págs. 55-68.

AMOR, José Ramón, «Mejora humana, posthumanismo, liberalismo y capitalismo: ¿los cuatro jinetes del capitalismo?», en Domingo García-Marzá, José Félix Lozano, Emilio Martínez y Juan C. Siurana (comps.), *Ética y filosofía política*, Tecnos, Madrid, 2018, págs. 273-283.

—, «El sueño de Gilgameš hecho realidad: somos la última generación humana mortal», en *Diálogo filosófico*, n.° 103, 2019, págs. 27-42.

ANDERSON, Michael, y Anderson, Susan Leigh, «Machine Ethics: Creating an Ethical Intelligent Agent», en *AI Magazine*, vol. 28, n.° 4, 2007, págs. 15-26.

—, «Robot be Good», *Scientific American*, octubre, 2010, págs. 72-77.

—, «Towards Machine Ethics», en Michael Anderson y Susan Leigh Anderson (comps.), *Machine Ethics*, Cambridge University Press, Nueva York, 2011.

ANDERSON, Susan Leigh, y Anderson, M., «EthEl: Toward a Principled Ethical Eldercare System», en *Proceedings of the AAAI Fall 2008 Symposium on AI in Elder Care: New Solutions to Old Problems*, Arlington, Virginia, 2008.

—, «A Prima Facie Duty Approach to Machine Ethics and its Application to Elder Care», en *Proceedings of the AAAI Workshop on Human Robots Interaction to Elder Care*, San Francisco, 2011.

APEL, Karl-Otto, *La transformación de la filosofía*, Taurus, Madrid, 1985.

ARANGUREN, José Luis, *Ética*, en *Obras completas*, t. II, Trotta, Madrid, 1994, págs. 159-501.

ARISTÓTELES, *Ética a Nicómaco*, Instituto de Estudios Políticos, Madrid, 1970a.

—, *Política*, Instituto de Estudios Políticos, Madrid, 1970b.

ASIMOV, Isaac, «Runaround», *Astounding Science Fiction*, 1942 (trad. cast.: «Círculo vicioso», en *Visiones de robot*, Plaza & Janés, Barcelona, 1992).

—, *Yo, robot*, Editora y Distribuidora Hispano Americana, Barcelona, 2009.

AWAD, E.; Dsouza, S.; Kim, R., *et al.*, «The Moral Machine Experiment», *Nature*, vol., 563, n.º 7729, 2018, págs. 59-64.

AXELROD, Robert, *La evolución de la cooperación: el dilema del prisionero y la teoría de juegos*, Alianza, Madrid, 1996.

AZNAR, Guy, *Trabajar menos para trabajar todos*, HOAC, Madrid, 1994.

BARBROOK, Richard, y Cameron, Andy, «The Californian Ideology», *Science as Culture*, vol. 6, n.º 1, 1996, págs. 44-72.

BARRIO, Andrés (comp.), *Derecho de los robots*, Wolters Kluwer, Madrid, 2019.

BARTNECK, Christoph; Lütge, Christoph; Wagner, Alan, y Welsh, Seanx, *An Introduction to Ethics in Robotics and AI*, Springer Briefs in Ethics, Cham, 2021.

BEAVERS, Anthony, «Wendell Wallach and Colin Allen: Moral Machines: Teaching Robots Right from Wrong», *Ethics and Information Technology*, vol. 12, n.º 4, 2010, págs. 357-358.

BECK, Ulrich, *La sociedad del riesgo: hacia una nueva modernidad*, Paidós, Barcelona, 1998.

BEKEY, George A., «Current Trends in Robotics: Technology and Ethics», en Patrick Lin, Keith Abney y George A. Bekey (comps.), *Robot Ethics: The Ethical and Social Implications of Robotics*, Massachusetts Institute of Technology, Cambridge, 2012.

BENTHAM, Jeremy, «An Introduction to the Principles of Morals and Legislation», en *A Fragment on Government and An Introduction to the Principles of Morals and Legislation*, Blackwell, Oxford, 1948 [1789] (trad. cast.: *Un fragmento sobre el gobierno*, Tecnos, Madrid, 2010).

BITTENCOURT, Ig Ibert, *et al.* (comps.), *Artificial Intelligence in Education, 21st International Conference, AIED 2020, Ifrane, Morocco, July 6-10, 2020*, Springer, Cham, 2020.

BODEN, Margaret A., *Inteligencia artificial*, Turner Noema, Madrid, 2017.

BOSTROM, Nick, «A History of Transhumanist Thought», *Journal of Evolution and Technology*, vol. 14, n.º 1, 2005, págs. 1-30.

—, *Superintelligence: Paths, Dangers, Strategies*, Oxford University Press, Oxford, 2014 (trad. cast.: *Superinteligencia, caminos, peligros, estrategias*, Teell, Zaragoza, 2016).

—, y Yudkowsky, Eliezer, «The Ethics of Artificial Intelligence», en Keith Frankish y William M. Ramsey (comps.), *The Cambridge Handbook of Artificial Intelligence*, Cambridge University Press, Cambridge, 2011, págs. 316-334.

BRADFORD, Anu, «The Brussels Effect», *Northwestern University, Law Review*, vol. 107, n.º 1, 2012.

—, *Digital Empires: The Global Battle to Regulate Technology*, Oxford University Press, Oxford, 2023.

BREAZEAL, Cinthya, *Designing Sociable Robots*, MIT Press, Cambridge, 2002a.

—, «Regulation and Entrainment in Human-Robot Interaction», *The International Journal of Robotics Research*, vol. 21, n.º 10, octubre, 2002b, págs. 61-70.

BRENNAN, Jason, *Contra la democracia*, Deusto, Barcelona, 2018.

BRONCANO, Fernando, «El poder de la ignorancia», en Olivia Velarde y Manuel Martín (comps.), *Mirando hacia el futuro: cambios sociohistóricos vinculados a la virtualización*, CIS, Madrid, 2002, págs. 253-270.

BUCHANAN, Allen, *Our Moral Fate: Evolution and the Escape from Tribalism*, MIT, Cambridge, 2020.

BUI, Matthew Le, y Noble, Safiya Umoja, «We're Missing a Moral Framework of Justice in Artificial Intelligence», en Markus D. Dubber, Frank Pasquale y Sunit Das (comps.), *The Oxford Handbook of Ethics of AI*, Oxford University Press, Oxford, 2020, págs. 163-181.

CALVO, José Luis, «El "efecto Bruselas": ¿regulación ejemplar o fragmentación de la gobernanza tecnológica global?», conferencia pronunciada en la Fundación Pablo VI, 14 de marzo de 2024.

CALVO, Patrici, «Metaverso: desafíos éticos de la tokenización de la economía de lo moral», *Revista de Filosofía Unisino*, vol. 24, n.° 1, 2023, págs. 1-20.

CAMPBELL, Bradley, y Manning, Jason, *The Rise of Victimhood Culture*, Palgrave, Macmillan, Cham, 2018.

CAPEK, Karel, *Rossum's Universal Robots*, Penguin Books, Nueva York, 2004 [1921].

CAPURRO, Rafael, y Nagenborg, Michael (comps.), *Ethics and Robotics*, AKA Verlag/IOS Press, Heidelberg, 2009.

CARR, Nicholas, «Is Google Making Us Stupid? What the Internet is Doing to Our Brains», *The Atlantic*, julio-agosto de 2008.

CAVE, Steven, *et al.*, «Motivations and Risks of Machine Ethics», *Proceedings of the IEE*, vol. 107, n.° 3, marzo de 2019, págs. 562-574.

CERAME, Álvaro, *et al.*, «¿Es capaz ChatGPT de aprobar el examen MIR de 2022? Implicaciones de la IA en la educación médica en España», *Revista Española de Educación Médica*, vol. 4, n.° 1, 2023, págs. 55-69.

CHAKRABORTY, Swathileka, y Bhojwani, Rishabh, «Artificial Intelligence and Human Rights: Are They Convergent or Parallel to each other?», *Novum Jus*, vol. 12, n.° 2, 2018, págs. 13-38.

CHINA'S STATE COUNCIL INFORMATION OFFICE, *China: Democracy That Works*, 4 de diciembre de 2021, <http://english.scio.gov.cn/whitepapers/2021-12/04/content_77908921.htm>.

CLARK, C. M.; Morton, R., y Bekey, G. A., «Altruistic Relationships for Optimizing Task Fulfillment in Robot Communities», en Hajime Asama, Haruhisa Kurokawa, Jun Ota y Kosuke Sekiyama (comps.), *Distributed Autonomous Robotic Systems 8 (DARS08)*, Springer-Verlag, Berlín, 2009, págs. 261-270.

CLARKE, Paul A. B., y Linzey, Andrew, *Political Theory and Animals Rights*, Pluto, Londres, 1990.

COECKELBERGH, Mark, «How I learned to Love the Robot», en I. Oostertaken y J. van den Hoven (comps.), *The Capability Approach, Technology and Design*, Springer, Dordrecht, 2012, págs. 77-86.

—, *Ética de la inteligencia artificial*, Cátedra, Madrid, 2021.

COMISIÓN EUROPEA, *Internet of Things in 2020, Roadmap for future*, EPoSS, Bruselas, 2008, <https://docbox.etsi.org/erm/Open/CERP%220080609-10/Internet-of-Things_in_2020_EC-EPoSS_Workshop_Report_2008_v1-1.pdf>.

—, *COM. Internet of Things — An Action Plan for Europe*, Bruselas,

2009, <https://eur-lex.europa.eu/LexUriServ/LexUriServ.do?uri
=COM:2009:0278:FIN:EN:PDF>.

—, *Ethics Guidelines for Trustworthy AI*, abril de 2019, <https://digital-
strategy.ec.europa.eu/en/library/ethics-guidelines-trustworthy-ai>.

—, *Libro blanco sobre la inteligencia artificial: un enfoque europeo orientado a la
excelencia y la confianza*, Oficina de Publicaciones de la UE, Bruselas,
19 de febrero de 2020, <https://commission.europa.eu/document/
download/d2ec4039-c5be-423a-81ef-b9e44e79825b_es?filename=
commission-white-paper-artificial-intelligence-feb2020_es.pdf>.

—, Grupo de Expertos en Inteligencia Artificial, *Ethics Guidelines for
Trustworthy AI*, abril de 2019.

CONILL, Jesús, *Ética hermenéutica*, Tecnos, Madrid, 2006.

—, *Intimidad corporal y persona humana: de Nietzsche a Ortega y Zubiri*,
Tecnos, Madrid, 2019.

—, «Crítica de la "logofobia" posmodernista en las filosofías de la posverdad»,
ponencia pronunciada en el Congreso Internacional sobre posverdad,
celebrado del 14 al 16 de junio de 2023 en la Universidad de Granada.

—, y Pedreño, Andrés, «Inteligencia artificial, intimidad y privacidad. El
coste de oportunidad del regreso tecnológico», conferencia pronunciada en el Seminario de la Fundación Étnor el 13 de enero de 2020.

CORDEIRO, José Luis, y Wood, David, *La muerte de la muerte*, Deusto,
Barcelona, 2018.

CORNELLÁ, Alfons, *Educar humanos en un mundo de máquinas inteligentes*,
Profit, Barcelona, 2018.

CORTINA, Adela, *Ética mínima*, Tecnos, Madrid, 1986.

—, *Ciudadanos del mundo*, Alianza, Madrid, 1997.

—, *Por una ética del consumo*, Taurus, Madrid, 2002.

—, *Ética de la razón cordial*, Nobel, Oviedo, 2007.

—, *Las fronteras de la persona: el valor de los animales, la dignidad de los humanos*, Taurus, Madrid, 2009.

—, «Ética de la inteligencia artificial», *Anales de la RACMYP*, Madrid,
2019, págs. 379-394.

—, *Neuroética y neuropolítica*, Tecnos, Madrid, 2011.

—, «Neuromejora moral: ¿un camino prometedor ante el fracaso de la
educación?», *Anales de la Real Academia de Ciencias Morales y Políticas*,
año LXV, n.º 90, 2013, págs. 313-331.

—, *Aporofobia, el rechazo al pobre*, Paidós, Barcelona, 2017.

—, «Ética digital», *El País*, 7 de diciembre de 2018.

—, *Ética cosmopolita*, Paidós, Barcelona, 2021.

—, «La espiral del silencio y la presunta moralización de la sociedad», en *Anales de la RACMYP*, n.º 99, 2022, págs. 419-430.

—, «Los desafíos éticos del transhumanismo», *Pensamiento*, vol. 78, n.º 298, 2022, págs. 471-483.

—, «¿Adiós a las ONG?», *El País*, 14 de febrero, 2023a.

—, «¿Personas electrónicas?», *El País*, 7 de septiembre, 2023b.

—, «Migraciones, aporofobia y los retos éticos para la humanidad. Reacciones ante la migración en América Latina y el Caribe», conferencia pronunciada en la Comisión Económica para América Latina y el Caribe, 14 de noviembre, 2023c.

—, y Conill, Jesús, «Cambio en los valores del trabajo», *Sistema*, n.º 168-169, 2002, págs. 3-15.

—, y Correa, Mauricio (comps.), *Ética aplicada desde la medicina hasta el humor*, Santiago de Chile, Ediciones UC, 2019.

—, y García-Marzá, Domingo (comps.), *Razón pública y éticas aplicadas*, Tecnos, Madrid, 2003.

DANAHER, John, «Sexuality», en Markus D. Dubber, Frank Pasquale y Das Sumit (comps.), *The Oxford Handbook of Ethics of AI*, Oxford University Press, Oxford, 2020, págs. 403-420.

DANIELSON, P., *Artificial Morality: Virtuous Robots for Virtual Games*, Routledge, Abingdon, 1992.

DARWIN, Charles, *El origen del hombre*, Crítica, Barcelona, 2009.

DE WAAL, Frans, *Primates and philosophers*, Princeton University Press, NJ, 2006 .

DEGRAZIA, David, *Taking Animals Seriously*, Cambridge University Press, Cambridge/Nueva York, 1996.

—, «On the Question on Personhood beyond Homo Sapiens», en Singer, Peter (comp.), *In Defense of Animals. The Second Wave*, Blackwell, Oxford, 2006, págs. 40-53.

DEIBERT, Ronald J., *Reset: Reclaiming the Internet for Civil Society*, House of Anansi Press, Toronto, 2020.

DESMURGET, Michel, *La fábrica de cretinos digitales: los peligros de las pantallas para nuestros hijos*, Península, Barcelona, 2020.

DIAMOND, Larry, «Facing up to the Democratic Recession», *Journal of Democracy*, vol. 26, n.º 1, 2015, págs. 141-155.

DICK, Philip K., *¿Sueñan los androides con ovejas eléctricas?*, Minotauro, Barcelona, 2012 [1968].

DIÉGUEZ, Antonio, *Transhumanismo: la búsqueda tecnológica del mejoramiento humano*, Herder, Barcelona, 2017.

—, «¿Pueden ser responsables las máquinas?», *Letras Libres*, n.º 262, 2023, págs. 8-11.

DÍEZ Nicolás, Juan, «La sociedad de la democracia», ponencia pronunciada en el seminario «La Argentina y España: cuatro décadas viviendo en democracia», celebrado en Buenos Aires del 11 al 15 de abril de 2023.

DOMINGO, Agustín, *Homo curans*, Encuentro, Madrid, 2022.

DOUTHAT, Ross, «The Rise of Woke Capital», *The New York Times*, 28 de febrero de 2018, <https://www.nytimes.com/2018/02/28/opinion/corporate-america-activism.html>.

DUBBER, Markus D.; Pasquale, Frank, y Sumit, Das (comps.), *The Oxford Handbook of Ethics of AI*, Oxford University Press, Oxford, 2020.

ECHEVARRÍA, Javier, y Almendros, Lola, *Tecnopersonas: cómo las tecnologías nos transforman*, Grama Ediciones, Olivos, 2023.

FELDSTEIN, Steven, «How Artificial Intelligence is Reshaping Repression», *Journal of Democracy*, vol. 30, n.º 1, 2019, págs. 40-52.

FERRY, Luc, *La revolución transhumanista: cómo la tecnomedicina y la uberización del mundo van a transformar nuestras vidas*, Alianza, Madrid, 2017.

FLACK, J., y De Waal, F. «"Any animal whatever". Darwinian building blocks of morality in monkeys and apes», *Journal of Consciousness Studies*, vol. 7, n.ᵒˢ 1-2, 2000, págs. 1-29.

FLORIDI, Luciano, y Sanders, J. W., «On the Morality of Artificial Agents», *Minds and Machine*, n.º 14, 2004, págs. 349-379.

FOOT, Philippa, «The Problem of Abortion and the Doctrine of the Double Effect», *Oxford Review*, n.º 5, 1967, págs. 5-15.

FRANKISH, Keit, y Ramsey, William M. (comps.), *The Cambridge Handbook of Artificial Intelligence*, Cambridge University Press, Cambridge, 2014.

FULBRIGHT, Yvonne, «Fox on Sex: Meet Roxxxy, the "Woman" of Your Dreams», Fox News, 18 de enero de 2018, <https://www.foxnews.com/story/fox-on-sex-meet-roxxxy-the-woman-of-your-dreams>.

GALVÁN, José M.ª, «On Technoethics», *IEEE-RAS Magazine*, nº 10, 2003-2004, págs. 58-63.

GÁMEZ CERSOSIMO, Pablo, *Depredadores digitales: una historia de la huella de carbono de la industria digital*, Círculo Rojo, Almería, 2021.

GARCÍA-GRANERO, Marina, «¿Un transhumanismo nietzscheano? Sobre la parcialidad del alegato», *Logos*, n.º 53, 2020, págs. 33-54.

GARCÍA-MARZÁ, Domingo, y Calvo, Patrici, *Algorithmic Democracy: A Critical Perspective Based on Deliberative Democracy*, Springer, Cham, 2024.

GARRIGUES, Antonio, y González, Luis Miguel, *El derecho a no ser engañado y cómo nos engañan y nos autoengañamos*, Thomson Reuters Aranzadi, Madrid, 2020.

GASSER, Urs, y Schmitt, Carolyn, «The Role of Professional Norms in the Governance of Artificial Intelligence, en Markus D. Dubber, Frank Pasquale y Das Sumit (comps.), *The Oxford Handbook of Ethics of AI*, Oxford University Press, Oxford, 2020, págs. 141-159.

GAWDAT, Mo, *La inteligencia que asusta*, Paidós, Barcelona, 2024.

GIPS, James, «Towards the Ethical Robot», en K. Ford, C. Glymour y P. Hayes (comps.), *Android Epistemology*, MIT Press, Cambridge, 1995, págs. 243-252.

GOBIERNO DE ESPAÑA, Carta de Derechos Digitales, Plan de Recuperación, Transformación y Resiliencia, julio de 2021, <https://www.lamoncloa.gob.es/presidente/actividades/Documents/2021/140721-Carta_Derechos_Digitales_RedEs.pdf>.

GONZÁLEZ-ESTEBAN, Elsa, y Siurana, Juan Carlos (comps.), *Inteligencia artificial: concepto, alcance, retos*, Tirant Lo Blanch, Valencia, 2024.

GRACIA GUILLÉN, Diego, «*Primum non nocere*: el principio de no-maleficencia como fundamento de la ética médica», discurso de acceso a la Real Academia Nacional de Medicina, Madrid, 1990, <http://bibliotecavirtual.ranm.es/ranm/es/consulta/registro.do?id=617>.

GRANÉ, Jordi, «¿Jaque mate digital a la humanidad? Educar humanos y resiliar en la era de la IA», *Dedica, Revista de Educaçao e Humanidades*, n.º 18, 2021, págs. 1-24.

GRATTON, Lynda, y Scott, Andrew, *La vida de cien años*, Lettera Publicaciones, Bilbao, 2018.

HABERMAS, Jürgen, *Historia y crítica de la opinión pública*, Gustavo Gili, Barcelona, 1981.

—, *Ciencia y técnica como «ideología»*, Tecnos, Madrid, 1984.

—, *Teoría de la acción comunicativa*, 2 vols., Taurus, Madrid, 1987.

—, *Facticidad y validez*, Trotta, Madrid, 1998.

—, *Ein neuer Strukturwandel der Öffentlichkeit und die deliberative Politik*, Suhrkamp, Fráncfort, 2022.

HAIDT, Jonathan, *La mente de los justos: por qué la política y la religión dividen a la gente sensata*, Deusto, Barcelona, 2019.

HEIDEGGER, Martin, *Hölderlin y la esencia de la poesía*, Anthropos, Barcelona, 1994.

HERRERAS, Enrique, *Lo que la posverdad esconde: medios de comunicación y crisis de la democracia*, MRA, Barcelona, 2021.

—, *Democracia radical. Reconstruyendo la filosofía política de Adela Cortina*, Tirant Humanidades, Valencia, 2024.

HOBBES, Thomas, *Leviatán*, Fondo de Cultura Económica, Ciudad de México, 1940.

HORKHEIMER, Max, *Eclipse of Reason*, Oxford University Press, Oxford, 1967a.

—, *Zur Kritik der instrumentellen Vernunft*, Fisher, 1967b (versión ampliada de *Eclipse of Reason, op. cit.*).

—, *Crítica de la razón instrumental*, Sur, Buenos Aires, 1969.

HUGUES, James, *Citizen Cyborg: Why Democratic Societies Must Respond to the Redesigned Human of the Future*, Westview Press, Cambridge, 2004.

HUXLEY, Aldous, *Un mundo feliz*, Plaza & Janés, Barcelona, 1966.

HUXLEY, Julian, *Religion without Revelation*, E. Benn, Londres, 1927 (trad. cast.: *Religión sin revelación*, Sudamericana, Buenos Aires, 1967).

INCIO FLORES, Fernando Alain, *et al.*, «Inteligencia artificial en educación: una revisión de la literatura en revistas científicas internacionales», *Apuntes Universitarios*, vol. 12, n.° 1, enero-marzo de 2022, págs.135-152.

JARA, Ignacio, y Ochoa, Juan Manuel, «Usos y efectos de la IA en educación», BID, documento para discusión IDB-DP-0076, 2020.

KANT, Immanuel, *Fundamentación de la metafísica de las costumbres*, Espasa-Calpe, Madrid, 1946.

—, *Kritik der reinen Vernunft*, Felix Meiner Verlag, Hamburgo, 1956 (trad. cast.: *Crítica de la razón pura*, Alfaguara, Madrid, 1978).

—, *Beantwortung der Frage: Was ist Aufklärung?*, Walter de Gruyter, Berlín, 1968, págs. 33-42.

—, *Pedagogía*, Akal, Madrid, 1983.

—, *La metafísica de las costumbres*, Tecnos, Madrid, 1989.

KEANE, John, «La nueva era de la revolución de las máquinas», *Letras libres*, 19 de abril de 2019, <https://letraslibres.com/revista/la-nueva-era-de-la-revolucion-de-las-maquinas/>.

KIPLING, Rudyard, «*The Secret of the Machines*. Selección y traducción de poemas al español», *Blog de la Academia Paraninfo*, 9 de junio de 2011.

KNOBE, Joshua, «What is Experimental Philosophy?», *Philosophical Magazine*, 28, 2004, págs. 37-39.

—, y Nichols, Shaun, *Experimental Philosophy*, Oxford University Press, 2008.

KORSGAARD, Christine, *The Sources of Normativity*, Cambridge University Press, Nueva York, 1996.

KURZWEIL, Raymond, *The Singularity Is Near: When Humans Transcends Biology*, Penguin, 2005 (trad. cast.: *La singularidad está cerca*, Lola Books, Berlín, 2012).

LACLAU, Ernesto, *La razón populista*, Fondo de Cultura Económica de España, Madrid, 2005.

—, y Mouffe, Chantal, *Hegemonía y estrategia socialista*, Siglo XXI, Madrid, 1987.

LARSON, Erik J., *El mito de la IA: por qué las máquinas no pueden pensar como pensamos nosotros*, 3.ª ed., Shackleton Books, Barcelona, 2022.

LATORRE, José Ignacio, *Ética para máquinas*, Ariel, Barcelona, 2019.

LEE, Kai-fu, *AI Superpowers, China, Silicon Valley and the New World Order*, Houghton Mifflin Harcourt, Boston/Nueva York, 2018 (trad. cast.: *Superpotencias de la inteligencia artificial: China, Silicon Valley y el nuevo orden mundial*, Deusto, Barcelona, 2020).

LENNOX, John C., *Inteligencia artificial y el futuro de la humanidad*, Andamio, Barcelona, 2021.

LEVITSKY, Steven, y Ziblatt, Daniel, *Cómo mueren las democracias*, Ariel, Barcelona, 2018.

LIETAERT, Matthieu, *Homo cooperans: por una economía colaborativa*, Icala, Barcelona, 2017.

LIN, Patrick; Abney, Keith, y Bekey, George A. (comps.), *Robot Ethics: The Ethical and Social Implications of Robotics*, MIT, Cambridge, 2012.

LLOPIS, Regina, «La IA como factor de innovación en la empresa», conferencia pronunciada en el Seminario de la Fundación Étnor el 14 de marzo de 2019.

LÓPEZ DE MÁNTARAS, Ramón, y Meseguer, Pedro, *Inteligencia artificial*, Los Libros de la Catarata/CSIC, Madrid, 2017.

MACINTYRE, Alasdair, *Tras la virtud*, Crítica, Barcelona, 1981.

MANZOCCO, Roberto, *Transhumanism: Engineering the Human Condition, History, Philosophy and Current Status*, Praxis, Chichester, 2019.

MAQUIAVELO, Nicolás, *El príncipe*, Cátedra, Madrid, 1985.

—, *Discursos sobre la primera década de Tito Livio*, Alianza, Madrid, 1987.

MARTÍNEZ, Miquel, y Hoyos, Guillermo (comps.), *La formación en valores en sociedades democráticas*, Octaedro, Barcelona, 2006.

MATSUMOTO, Tetsuzo, *The Day AI Becomes God: The Singularity will Save Humanity*, Media Tectonics, Cambridge, 2018.

McCAULEY, Lee, «AI Armagedon and the Three Laws of Robotics», *Ethics and Information Technology*, n.° 9, 2007, págs. 153-164.

McEWAN, Ian, *Máquinas como yo y gente como vosotros*, Anagrama, Barcelona, 2019.

MENDÍVIL, José Luis, «Un loro estocástico en la habitación china: ¿qué nos enseña ChatGPT sobre la conducta humana?», *Letras Libres*, n.° 262, 2023, págs. 16-22.

MILL, John S., *El utilitarismo*, Aguilar, Madrid, 1955.

MILLER, Daniel, «Consumption as the Vanguard of History», en Daniel Miller (comp.), *Acknowledging Consumption*, Routledge, Nueva York, 1995, págs. 1-57.

MILLER, Luis, «Para entender la polarización», *Letras libres*, n.° 56, 2020, págs. 6-8.

MILLER, Vincent C., «Ethics of Artificial Intelligence», en Anthony Elliot (comp.), *The Routledge Social Science Handbook of AI*, Routledge, Londres, 2021, págs. 122-137.

MISSELHORN, Catrin, «Artificial Systems with Moral Capacities? A Research Design and its Implementation in a Geriatric Care System», *Artificial Intelligence*, vol. 278, enero de 2020, págs. 1-11.

MONASTERIO, Aníbal, «Ética algorítmica: implicaciones éticas de una sociedad cada vez más gobernada por algoritmos», *Dilemata*, n.° 24, 2017, págs. 185-217.

MOOR, James H., «What is Computer Ethics?», *Metaphilosophy*, vol. 16, n.° 4, 1985, págs. 266-275.

—, «The Nature, Importance and Difficulty of Machine Ethics», *IEEE Intelligent Systems*, vol. 21, n.° 4, 2006, págs. 18-21.

MOUNK, Yascha, *El pueblo contra la democracia*, Paidós, Barcelona, 2018.

NAÍM, Moisés, «¿Por qué a los dictadores les gusta parecer demócratas?», *El País*, 23 de abril de 2017.

NEIMAN, Susan, *Left is Not Woke*, Polity Press, Cambridge, 2023.

NICOLÁS, Juan-Antonio, «Posverdad: cartografía de un fenómeno complejo», *Diálogo filosófico*, n.º 105, 2019, págs. 302-340.

—, Domingo Moratalla, Agustín, García-Marzá, Domingo (comps.), *Hermenéutica crítica y razón práctica*, Comares, Granada, 2023.

NIETZSCHE, Friedrich, *Die fröhliche Wissenschaft*, en *Kritische Studien Ausgabe*, De Gruyter, Berlín, 1999 (trad. cast.: *La gaya ciencia*, Akal, Madrid, 2001).

NOELLE-NEUMANN, Elisabeth, *La espiral del silencio: nuestra piel social*, Paidós, Barcelona, 1995.

NOWAK, Martin A., y Highfield, Roger, *Supercooperadores*, Ediciones B, Barcelona, 2012.

NUSSBAUM, Martha, *Las fronteras de la justicia*, Paidós, Barcelona, 2007.

O'NEIL, Cathy, *Armas de destrucción matemática*, Capitán Swing, Madrid, 2018.

OLSON, Eric T., «The Central Dogma of Transhumanism», en B. Berčič (comp.), *Perspectives on the Self*, University of Rijeka, Rijeka, 2017, págs. 35-58, <https://drive.google.com/file/d/1mEkInRBSv3o31s CpIWDz6DtkOfLl2sej/view>.

ORTEGA, Andrés, *La imparable marcha de los robots*, Alianza, Madrid, 2016.

ORTEGA Y GASSET, José, *Meditaciones del Quijote*, Obras Completas, t. I, Taurus, Madrid, 2004.

OTTONE, Ernesto, «La tentación autoritaria», en Crisóstomo Pizarro y Esteban Vergara (comps.), *Capitalismo histórico y democracia. ¿Desequilibrios evolutivos normales o caóticos?*, Editorial Universidad de Valparaíso, Valparaíso, 2022, págs. 99-106.

PARDO, Pablo, «Un algoritmo sentado en el consejo de un fondo chino», *El Mundo*, 9 de junio de 2014.

PARLAMENTO EUROPEO, Comisión de Asuntos Jurídicos, *Proyecto de informe con recomendaciones destinadas a la Comisión sobre normas de derecho civil sobre robótica (2015/2103)*, 31 de mayo de 2016 <http://www.europarl. europa.eu/sides/getDoc.do?pubRef=-//EP//TEXT+TA+P8-TA -2019-0081+0+DOC+XML+V0//ES>.

—, Consejo Europeo y Comisión Europea, Declaración Europea sobre los Derechos y Principios Digitales para la Década Digital, *Diario Oficial de la Unión Europea*, 23 de enero de 2023, <https://eur-lex.europa. eu/legal-content/ES/TXT/PDF/?uri=CELEX:32023C0123(01)>.

PASCUAL, Manuel G., «La IA de Israel decide a quién se bombardea en Gaza», *El País*, 17 de abril de 2024.

PEDREÑO, Andrés, «IA generativa. ¿España en la nube o en las nubes?, *Télos*, n.º 123, 2023-2024, págs. 70-73.

PÉREZ-ZAFRILLA, Pedro J., «Bases neuroéticas de la corrección política. Una aproximación desde la teoría de la espiral del silencio de Elisabeth Noelle-Neumann», en R. López-Orellana y J. Suárez-Ruiz (comps.), *Filosofía posdarwiniana*, College Publications, Londres, 2021, págs. 471-499.

—, «Polarización artificial: Cómo los discursos expresivos inflaman la percepción de polarización política en internet», en *Recerca*, n.º 26, 2021.

PERSILY, Nathaniel, «Can Democracy Survive the Internet?», *Journal of Democracy*, vol. 28, n.º 2, 2017, págs. 63-76.

PICARD, Rosalind W., *Affective Computing*, MIT Press, Cambridge, 1997 (trad. cast.: *Los ordenadores emocionales*, Ariel, Barcelona, 1998).

PICO DELLA MIRANDOLA, Giovanni, *Discurso sobre la dignidad del hombre*, UNAM, Madrid, 2004.

PIZARRO, Crisóstomo, y Vergara, Esteban (comps.), *Capitalismo histórico y democracia. ¿Desequilibrios evolutivos normales o caóticos?*, Editorial Universidad de Valparaíso, Valparaíso, 2022.

PLUCKROSE, Helen, y Lindsay, James, *Teorías cínicas*, Alianza, Madrid, 2023.

RACIONERO, Luis, *Del paro al ocio*, Anagrama, Barcelona, 1983.

RAMIÓ, Carles, «El impacto de la IA y de la robótica en el empleo público», *GIGAPP Estudios/Working Papers*, n.º 98, 2018, págs. 401-421.

RAWLS, John, *Teoría de la justicia*, Fondo de Cultura Económica, Ciudad de México, 1978.

—, *Liberalismo político*, Crítica, Barcelona, 1996.

—, *Collected Papers*, Harvard University Press, Cambridge, 1999.

REGAN, Tom, *The Case for Animal Rights*, University of California Press, Berkeley, 1983.

—, «The Struggle for Animal Rights», en Paul A. B. Clarke y Andrew Linzey (comps.), *Political Theory and Animal Rights*, Pluto, Londres, 1990, págs. 176-186.

RIFKIN, JEREMY, *El sueño europeo*, Paidós, Barcelona, 2004.

RIVAS, AXEL, *¿Quién controla el futuro de la educación?*, Siglo XXI, Madrid, 2019.

ROSA, HARTMUT, *Alienación y aceleración: hacia una teoría crítica de la temporalidad en la modernidad tardía*, Katz, Ciudad de México, 2016.>.

Ross, William David, *Lo correcto y lo bueno*, Sígueme, Salamanca, 1994.

Rubio, Jaime, «No quiero leer tu novela, ChatGPT», *El País*, 11 de abril de 2024.

Rzepka, Rafal, y Araki, Kenzi, «Importance of Contextual Knowledge in Artificial Moral Agents Development», *Symposium on AI and Society: Ethics, Safety and Trustworthiness in Intelligent Agents*, Stanford University, Palo Alto, 26 al 28 de marzo de 2018, págs . 61-68, <https://www.researchgate.net/publication/324018627_Importance_of_Con textual_Knowledge_in_Artificial_Moral_Agents_Development>.

Sánchez, M.ª del Mar, «La IA como recurso docente: usos y posibilidades para el profesorado», *Educar*, vol. 60, n.º 1, 2023, págs. 1-15.

Scholz, Jason, y Galliot, Jail, «The Case for Ethical AI in the Military», en Markus D. Dubber, Frank Pasquale y Sunit Das (comps.), *The Oxford Handbook of Ethics of AI*, Oxford University Press, Oxford, 2020, págs. 685-703.

Schwab, Klaus, *La Cuarta Revolución Industrial*, Debate, Barcelona, 2006.

Searle, John R., «Minds, Brains and Programs», *Behavioral and Brain Sciences*, vol. 3, n.º 3, 1980, págs. 417-457.

Sen, Amartya, *Desarrollo y libertad*, Planeta, Barcelona, 2000.

Shah, Priten, *AI and the Future of Education: Teaching in the Age of Artificial Intelligence*, Willey and Sons, Hoboken, 2023.

Sherman, Nancy, «Taking Responsibility for Our Emotions», en E. F. Paul, F. D. Miller Jr. y J. Paul, *Responsibility*, Cambridge University Press, Cambridge, 1999, págs. 294-325.

Siciliano, Bruno, y Khatib, Oussama (comps.), *Springer Handbook of Robotics*, Springer Verlag, Berlín, 2008.

Singer, Peter (comp.), *In Defense of Animals: The Second Wave*, Blackwell, Oxford, 2006.

Siurana, Juan Carlos, *Ética para influencers*, Plaza y Valdés, Madrid, 2021.

Snead, O. Carter, *What It Means to be Human: The Case for the Body in Public Bioethics*, Harvard University Press, Cambridge, 2020.

Sparrow, Robert, «Killer Robots», *Journal of Applied Philosophy*, vol. 24, n.º 1, 2007, págs. 62-77.

Squella, Agustín, *Democracia, ¿crisis, decadencia o colapso?*, Universidad de Valparaíso, Valparaíso, 2019.

Sterenly, K., *The Evolved Apprentice: How Evolution Made Humans Unique*, MIT Press, Cambridge, 2012.

STORRS HALL, J., «Ethics for Machines», 2000, <https://autogeny.org/ethics.html>.

—, *Beyond AI: Creating the Conscience of the Machine*, Prometheus Book, Nueva York, 2007.

STRAWSON, P. F., *Freedom and Resentment and Other Essays*, Methuen, Londres, 1974 (trad. cast.: *Libertad y resentimiento y otros ensayos*, Paidós, Barcelona, 1995).

TAYLOR, Charles, *El multiculturalismo y la «política del reconocimiento»*, Fondo de Cultura Económica, Ciudad de México, 1993.

THOMPSON, Steven John (comp.), *Machine Law, Ethics, and Morality in the Age of Artificial Intelligence*, IGI Global, s.l., 2021, <https:// www.re searchgate net/ publication/343682482_Machine_Law_Ethics_and_ Morality_in_the_Age_of_Artificial_Intelligence>.

TOMASELLO, Michael, *Los orígenes de la comunicación humana*, Katz, Madrid, 2013.

TURKLE, Serry, *En defensa de la conversación*, Siruela, Madrid, 2019.

UNESCO, *Consenso de Beijing sobre la inteligencia artificial y la educación*, 2019, <https://unesdoc.unesco.org/ark:/48223/pf0000368303>.

VALLESPÍN, Fernando, *La sociedad de la intolerancia*, Alianza, Madrid, 2021.

VALLVERDÚ, Jordi, «Entornos ciberafectivos entre robots y seres humanos en el siglo XXI», en Olivia Velarde y Manuel Martín (comps.), *Mirando hacia el futuro: cambios sociohistóricos vinculados a la virtualización*, CIS, Madrid, 2022, págs. 65-82.

VERUGGIO, Gianmarco, «The birth of Roboethics», *Proceedings of the IEEE International Conference on Robotics and Automation*, Workshop on Roboethics, Barcelona, 18 de abril de 2005.

—, y Abney, Keith, «Robotethics: The Applied Ethics for a New Science», en Patrick Lin, Keith Abney y George A. Bekey (comps.), *Robot Ethics: The Ethical and Social Implications of Robotics*, MIT Press, Cambridge, 2012, págs. 347-363.

VIGEN, Tyler, *Spurious Correlations*, Hachette Books, Nueva York, 2015.

VILLANUEVA, Darío, *Morderse la lengua*, Espasa, Madrid, 2022.

WALLACH, Wendell, y Colin, Allen, *Moral Machines: Teaching Robots Right from Wrong*, Oxford University Press, Nueva York, 2008.

WEBB, Amy, *Los nueve gigantes: cómo las grandes tecnológicas amenazan el futuro de la humanidad*, Península, Barcelona, 2021.

WEBER, Max, «Ciencia como vocación», en *El político y el científico*, Alianza, Madrid, 1967, págs. 180-231.

WELLS, H. G., *La isla del doctor Moreau*, Anaya, Madrid, 1990.

WITHERS, Paul, «Robot to Run for Mayor in Japan Promising "Fairness and Balance"», *Express*, 2018, <https://www.express.co.uk/news/world/947448/robots-japan-tokyo-mayor-artificial-intelligence-ai-news>.

YAMPOLSY, Roman V. (comp.), *Artificial Intelligence: Safety and Security*, CRC Press, Taylor & Francis Group, Nueva York, 2019.

YU, Shengquan, y Lu, Yu, *An Introduction to Artificial Intelligence in Education*, Springer Nature Singapore, Singapur, 2021.

ZUBOFF, Shoshana, *La era del capitalismo de la vigilancia*, Paidós, Barcelona, 2020.

NOTAS

_____

1. Lo que nos hace humanos

1. Gawdat, 2024, págs. 187 y ss.
2. McEwan, 2019, pág. 116.
3. McEwan, 2019, pág. 335.
4. Cortina, 1997, págs. 11-19.
5. Kant, 1989, págs. 253-259.
6. Cortina, 2011, págs. 94-96.
7. Conill, 2006, págs. 41 y ss.
8. Darwin, 2009, pág. 125.
9. Flack y De Waal, 2000, págs. 1-29; De Waal, 1992, 2006.
10. Darwin, 2009, pág. 171.
11. García-Marzá y Calvo, 2024.

2. Tres tipos de inteligencia artificial, tres tipos de ética

1. Este capítulo tiene su origen en la intervención «Ética de la inteligencia artificial», publicado en Cortina, RACMYP, 2019.
2. Matsumoto, 4 de abril de 2018, 4:12, Twitter; Calvo, 2019; García-Marzá y Calvo, 2024, cap. 3.
3. Matsumoto, 2018, pág. 161.
4. Pardo, 2014.
5. García-Marzá y Calvo, 2024, cap. 3.
6. López de Mántaras y Meseguer, 2017, pág. 8.
7. Comisión Europea, Grupo de Expertos en Inteligencia Artificial, 2019, pág. 36.

8. Llopis, 2019.
9. López de Mántaras y Meseguer, 2017, pág. 139.
10. Storrs Hall, 2000.
11. *Ibidem*, pág. 14.
12. Bostrom, 2014.
13. Searle, 1980.
14. Keane, 2019, pág. 30.
15. Ferry, 2017, págs. 204-205; López de Mántaras y Meseguer, 2017; Conill, 2019.
16. Latorre, 2019, págs. 91-95.

3. Transhumanismo y posthumanismo: ¿pronóstico o ideología?

1. Ferry, 2017, pág. 14.
2. Diéguez, 2017, pág. 40.
3. Manzocco, 2019, pág. 34.
4. *Ibidem*, pág. 34; Cortina, 2017, págs. 106-110.
5. Olson, 2017, pág. 35.
6. Marina García Granero, «¿Un transhumanismo nietzscheano? Sobre la parcialidad del alegato», en *Logos*, n.º 53, 2020, págs. 33-54.
7. Manzocco, 2019, págs. 38 y ss.
8. Ferry, 2017, pág. 40.
9. Diéguez, 2017, págs. 112 y ss.
10. Este apartado tiene su origen en el artículo «Los desafíos éticos del transhumanismo», Cortina, 2022.
11. Kant, 1956, B XXXIV, 1968, pág. 29.
12. Ferry, 2017; Diéguez, 2017.
13. Cordeiro y Wood, 2018.
14. Gratton y Scott, 2018.
15. Habermas, 1984.
16. *Ibidem*; Apel, 1985; Conill, 2006.
17. Barbrook y Cameron, 1996.
18. Cortina, 2007, 2017.

4. Inteligencia artificial confiable: ¿un cambio de época?

1. Bradford, 2012.
2. Bradford, 2023.
3. Cortina y García-Marzá, 2003; Cortina y Correa, 2020.
4. Cortina, 1986.
5. Cortina, 2023c.
6. Conill y Pedreño, 2020.
7. Cortina, 2021, cap. 4.
8. Pedreño, 2023-2024.
9. Cortina, 2021, pág. 66.
10. Cortina, 1986.
11. Mendívil, 2023.
12. García-Marzá y Calvo, 2024.
13. *Ibidem.*
14. Calvo, 2024.
15. *Ibidem.*
16. *Ibid.*
17. Racionero, 1983.
18. Aznar, 1994.
19. Cortina y Conill, 2002.

5. Ética robótica

1. Asimov, 2009, pág. 61.
2. Lin, 2012, pág. 4.
3. Veruggio y Abney, 2012, pág. 350; Siciliano y Khatib, 2008.
4. Siciliano y Khatib, 2008, pág. 1502.
5. Galván, 2003-2004.
6. Danielson, 1992.
7. Storrs Hall, 2007.
8. Bekey, 2012, pág. 18; Barrio, 2019, pág. 74.
9. Bekey, 2012.
10. Veruggio y Abney, 2012, pág. 351.
11. Bekey, 2012, págs. 19 y ss.
12. Anderson y Anderson, 2010, pág. 77.

13. *Ibidem*, págs. 76 y 77.
14. Picard, 1997, pág. 19.
15. Bekey, 2012, pág. 17.
16. Veruggio, 2005; Siciliano y Khatib, 2008, pág. 1502.
17. Cortina, 2011.
18. Abney, 2012, pág. 35; Veruggio y Abney, 2012, págs. 347 y 348.
19. Veruggio y Abney, 2012, págs. 202, 347.
20. Abney, 2012, pág. 348.
21. Barrio, 2019.
22. Moor, 2006.
23. Anderson y Anderson, 2010.
24. Anderson y Anderson, 2008, 2011.
25. Misselhorn, 2020.
26. Veruggio y Abney, 2012, pág. 348.
27. *Ibidem*, pág. 349.

6. ¿Qué ética para las máquinas inteligentes?

1. Awad, Dsouza, Kim *et al.*, 2018.
2. Cortina, 2011, págs. 65-72; 2018.
3. Apel, 1985.
4. Cortina, 2021.
5. Cave, 2019, pág. 562.
6. Para los códigos de ética profesionales, véase Gasser y Schmitt, 2020.
7. Danaher, 2020; Scholz y Galliot, 2020.
8. Anderson y Anderson, 2010.
9. Cave, 2019, pág. 564.
10. Gawdat, 2024.
11. Misselhorn, 2020; Korsgaard, 1996.
12. Misselhorn, 2020, pág. 2.
13. Wallach y Allen, 2008, pág. 39; Coeckelbergh, 2021.
14. Allen y Wallach 2012, pág. 57.
15. Anderson y Anderson, 2010, pág. 74.
16. Danaher, 2020.
17. Mendívil, 2023.
18. Sparrow, 2007; Diéguez, 2023.

19. Wallach y Allen, 2008; Abney, 2012; Misselhorn, 2020.

20. Abney, 2012, pág. 40.

21. McCauley, 2007, págs. 159 y 162.

22. Cortina, 2011, págs. 169 y ss.

23. Ross, 1994.

24. Anderson y Anderson, 2010, pág. 76.

25. Gracia Guillén, 1990.

26. Mill, 1955, pág. 37.

27. Bentham, 1948, págs. 411 y 412.

28. Cortina, 2009, págs. 111-138.

29. Anderson y Anderson, 2010, pág. 74.

30. Abney, 2012, pág. 44.

31. Regan, 1983, 1990.

32. Allen y Wallach, 2012, pág. 59; Abney, 2012, pág. 44; Misselhorn, 2020.

33. Aristóteles, 1970a.

34. Abney, 2012, pág. 36.

35. De Moss, 1998, pág. 10.

36. Misselhorn, 2020, pág. 7.

37. Coeckelbergh, 2012.

38. Nichols y Knobe, 2008.

39. J. Knobe, 2004.

40. Véase, por ejemplo, Dubber, Pasquale y Sumit, 2020.

41. Cortina y García-Marzá, 2003.

42. MacIntyre, 1987; Cortina, 2013, cap. 7.

43. Cortina y García-Marzá, 2003.

44. Kant, 1968, pág. 84.

45. Apel, 1985, págs. 380 y 381.

7. Las fronteras de la persona en un mundo tecnocientífico

1. Echevarría y Almendros, 2023.

2. Gawdat, 2024, pág. 290.

3. Bentham, 1948, págs. 411 y 412.

4. Regan, 1983, 1990.

5. Nussbaum, 2007, págs. 386-394; Cortina, 2009, págs. 146-162.

6. DeGrazia, 1996 y 2006.
7. Cortina, 2023b.
8. Gawdat, 2024, págs. 175-217.
9. *Ibidem*, pág. 233.

8. La libertad en la era digital

1. Este capítulo tiene su origen en el artículo publicado en *El País* el 26 de febrero de 2019.
2. He tratado este tema pormenorizadamente en Cortina, 2011, parte III.
3. Kant, 1968.

9. Eclipse de la razón comunicativa: un reto radical para la democracia

1. Este capítulo tiene su origen en la *lectio* pronunciada en la Academia Chilena de Ciencias Sociales, Políticas y Morales el 15 de mayo de 2023, con ocasión del ingreso como académica honoraria. Agradezco muy cordialmente a los colegas chilenos su cálida acogida, muy especialmente a su presidente, Jaime Antúnez; a Ernesto Ottone, que pronunció una cordial *laudatio*; y a Agustín Squella, amigo de tantos años.
2. Rosa, 2016.
3. Cortina, 1997, 2021.
4. Kant, 1989.
5. Weber, 1967.
6. Apel, 1985.
7. Diamond, 2015.
8. Mounk, 2018.
9. Brennan, 2018.
10. Juan Díez Nicolás, 2023.
11. Naím, 2017.
12. Aristóteles, 1970a y 1970b.
13. Strawson, 1974.
14. Sherman, 1999.

15. Laclau, 2005.
16. Nicolás, 2019.
17. Garrigues y González, 2020.
18. Nicolás, 2019.
19. Neiman, 2023.
20. *Ibidem*, pág. 27.
21. Strawson, 1974.
22. Sherman, 1999.
23. Neiman, 2023.
24. Pluckrose y Lindsay, 2023.
25. Campbel y Manning, 2018; Villanueva, 2022.
26. Laclau, 2005.

10. Un espacio público libre de dogmatismos

1. Este capítulo tiene su origen en mi intervención en la sesión de la RACMYP del 31 de mayo de 2022, publicada en *Anales de la Real Academia de Ciencias Morales y Políticas*. Véase Cortina, 2022, págs. 419-430.
2. Rawls, 1978, pág. 19.
3. Noelle-Neumann, 1995, págs. 13 y 14.
4. *Ibidem*, pág. 19.
5. *Ibid.*, pág. 22.
6. Villanueva, 2022.
7. Cortina, 2021, págs. 46 y 47.
8. Maquiavelo, 1985, págs. 140 y 141; 1987, I. 25. pág. 103.
9. Vallespín, 2021.
10. Nietzsche, 1999, § 52, pág. 416.
11. Cortina, 2017, pág. 83.
12. Kant, 1968.
13. Kant, 1956, A 738-739; B 766-767.
14. *Ibidem*, A 751-752; B 779-780.
15. Noelle-Neumann, 1995, págs. 279 y 280.
16. *Ibidem*, pág. 292.
17. *Ibid.*, pág. 288.
18. *Ibid.*, pág. 296.

19. *Ibid.*, pág. 288.
20. Cortina, 2017, cap. 5.
21. Sterenly, 2012; Buchanan, 2020, pág. 113.
22. Cortina, 2011, cap. 4; 2017.
23. Miller, 2021.
24. Cortina, 2021.

11. Lenguaje claro

1. Este capítulo tiene su origen en la conferencia pronunciada en el Seminario Internacional de Lengua y Periodismo, coordinado por el Monasterio de San Millán de la Cogolla y la Fundación del Español Urgente (Fundéu)-BBVA, el 3 de mayo de 2017.
2. Tomasello, 2013.
3. Aristóteles, 1970b, I, 2.
4. Aristóteles, 1970a, VI, 2, 1139b.
5. Cortina, 2007.
6. Conill, 2024.

12. Educar en la era de la inteligencia artificial

1. Este capítulo tiene su origen en la *lectio* pronunciada en la Universitat de Barcelona (UB) el 25 de mayo de 2022 con ocasión de la concesión del doctorado *honoris causa*. Quiero agradecer cordialmente al Grup de Recerca en Educació Moral (GREM) de la UB su generosidad al hacer la propuesta. Muy especialmente a Miquel Martínez y Josep M. Puig Rovira, que han vivido y viven su magisterio como vocación.
2. Yu y Lu, 2021, págs. 197 y 198.
3. Kant, 1983, págs. 31 y 34.
4. Cortina, 2007, págs. 253-264.
5. Incio Flores *et al.*, 2022.
6. Unesco, 2019.
7. Cortina, 2021.
8. García-Marzá y Calvo, 2024.
9. Jara y Ochoa, 2020; Yu y Lu, 2021.

10. Cerame *et al.*, 2023.
11. Sánchez, 2023.
12. Unesco, 2019; Jara y Ochoa, 2020; Sánchez, 2023; Shah, 2023.
13. Cortina, 2021, cap. 4.
14. O'Neil, 2018; Le Bui y Noble, 2020.
15. Shah, 2023, págs. 33 y ss.
16. Rubio, 2024.
17. Rivas, 2019, págs. 45, 69 y ss.
18. Siurana, 2021.
19. Carr, 2008.
20. Persily, 2017.
21. Zuboff, 2020, pág. 9.
22. Horkheimer, 1969.
23. Habermas, 1984.
24. Zuboff, 2020, pág. 202.
25. Deibert, 2020, pág. 89.
26. *Ibidem*.
27. *Ibid.*, pág. 183.
28. Rivas, 2019.
29. Grané, 2021.
30. Zuboff, 2020, pág. 652.
31. Deibert, 2020, pág. 179.
32. Cortina, 2002.
33. Miller, 1995.

Impreso en España